江戸時代の官僚制

藤井讓治

法蔵館文庫

本書は一九九九年一一月二五日、青木書店より刊行された。
文庫化にあたって、「江戸幕府職名索引」を追加した。

凡例

一　本文はもとより引用についても可能なかぎり新字体・常用字体を用いた。
二　史料引用の際は読み下し文あるいは現代語訳にするようつとめた。
三　年号の表示は和年号を用いることを原則とし、西暦年を併用した。

読者へ

江戸という時代に官僚制などといったものはあるのか、と反問される方々もあろう。いうまでもなく、江戸時代は武士が百姓・町人を支配する身分制社会であり、現代社会における官僚制と同様のものが江戸時代にあったというわけではない。しかし、江戸時代にも、行政・裁判・財政などさまざまな分野で一定の職務を分掌する機構や組織が作り上げられ、またそれを個人の意志としてではなく職務として執行する人的集団があった。こうした実態を、本書では江戸時代の官僚制と呼ぶことにしたい。

江戸時代の官僚制は、徳川家康が関ケ原の戦いで天下人となり、ついで将軍宣下を受け江戸に幕府を開いたことで、すぐさま出来上がったわけではない。家康が天下を掌握した当初は、家康が大きな信頼をおいた人々、いわゆる出頭人たちによってさまざまな行政・裁判・財政は担われていた。出頭人たちの権限は、あらかじめ定められたものではなく、その能力に従ってその範囲は広くもなりまた狭くもなった。家康は有能な出頭人を数多く抱えることで、幕府創業期の幕府政治を運営していった。大坂の陣に勝利し、徳川氏の政権が確立すると、徳川氏にとっての次の課題は、その政権をいかに永続的なものとするか、またそのためにどのような再生産のシステムを作り出すかにあった。この過程で、それまで個々の人物の能力に従って果たされていた諸機能が編成替えされ、そこに江戸時代的な「職」が形成されていく。いいかえればこの変化は、「人」がありその能力に従って支配・統治の範囲が決まる段階から、「職」があってその「職」に「人」が対応させられる段階への転回として捉えることができる。本書では、まず、出頭人が否定され「職」＝幕藩官僚が生み出されていく過程を具体的に明らかにしてみたい。

次に、形成された「職」はいかに運用され、またそれを担った幕藩官僚はいかなる存在であったのか、について考えてみたい。明治期の最も著名な啓蒙思想家である福沢諭吉は、自らが属していた中津藩の旧情を振り返って著した『旧藩情』のなかで、

下等士族は何等の功績あるも何等の才力を抱くも決して上等の席に昇進するを許さず、稀に祐筆などより立身して小姓組に入たる例もなきに非ざれども、治世二百五十年の間、三、五名に過ぎず、故に下等士族は其下等中の黜陟《ちゆつちよく》に心を関して昇進を求れども、上等に入るの念は固より之を断絶して、其趣は走獣敢て飛鳥の便利を企望せざる者の

如し、

と述べ、江戸時代の官僚制は家格や身分に縛られ、きわめて閉鎖的なものとした。この福沢の言は、その後、江戸時代の武家社会や官僚制の本質をつくものと理解されてきた。だが、福沢がいうほど江戸時代の官僚制における家格上昇や昇進の世界は閉鎖的であったであろうか。この点を再検討し明らかにすることが、本書の二つめの課題である。

こうした課題に答えることで、これまで持ち続けられてきた江戸時代の官僚制、ひいては武家社会のイメージを、従来とは一味違ったものとし、またより豊なものとすることができればと、願っている。

目次

江戸時代の官僚制

Ⅰ章　大久保長安と大岡忠相

1　大久保長安

将軍のもとで、行政・裁判・財政など各方面で卓抜した能力を発揮した二人の人物、大久保石見守長安《ながやす》と大岡越前守忠相《ただすけ》、をまずとりあげることにしよう。

大久保長安は、関ケ原の戦いに勝利することで天下人となり次いで江戸幕府初代将軍となった徳川家康のもとで、幕政運営・幕領支配・幕府財政などさまざまな面で活躍し、徳川氏の支配が確立していく過程で、特に民政の面で大きな役割を果たした人物である。一方、大岡忠相は、八代将軍徳川吉宗のもとで、江戸町奉行・寺社奉行を歴任し、吉宗の享保改革を助け推進した人物であり、江戸時代を通じて最も有能な幕吏といわれてきた人物である。

まず、この二人が幕府政治に果たした役割を具体的にみ、それを相互に比較することで、それぞれの時代にどのような特徴・特質がみられるのかを明らかにし、幕藩官僚制を考察していく導入としよう。

大久保長安（大安寺蔵）

長安の出自

大久保長安の出自については、確たることは分かっていないが、これまで明らかにされてきたところによれば、ほぼ次のごとくである。長安は、有力な戦国大名、甲斐武田氏に仕えた猿楽衆大蔵大夫の次男として天文十四（一五四五）年に甲斐に生れた。その後、武田氏の家老衆の一人である土屋直村に見出され、武田氏の家臣として取り立てられ、兄新之丞とともに士分となり、武田氏のもとで蔵前《くらまえ》衆（代官衆）の一人として地方支配に才能を発揮した。長安は、当初藤十郎を称したが、その後十兵衛を名乗った。なお、兄新之丞は、天正三（一五七五）年の織田・武田両軍が戦った長篠《ながしの》の戦いで奮戦し討死した。

天正十年、織田信長によって武田氏は滅亡する。これにともない長安は、浪々の身となる。その後、武田氏の旧領甲斐は徳川家康が領することになる。家康の甲斐経営が始まると、長安は、徳川氏の有力年寄である大久保忠隣《ただちか》の引きで家康に仕えることとなり、その代官衆の一人として手腕を遺憾なく振るった。このころ、長安は、忠隣から大久保の姓を名乗ることを許され、大久保十兵衛と称するようになった。家康の五か国時代の天正十七年・十八年には、甲斐において伊奈忠次を助け、その支配にあたっている。

天正十八年、家康は、豊臣秀吉によって三河・遠江・駿河・甲斐・信濃の五か国から関東八か国へと移され、江戸に入った。長安は、伊奈忠次・彦坂元正・長谷川長綱らとともに新領国となった関東の地方支配を担った。武蔵国八王子横山村の小門陣屋を拠点とした長安は、関東十八代官と称された代官衆を指揮して、武蔵国の山地と平野の境に位置する武州山の根九万石を中心とした徳川氏の直轄領支配にあたった。**表1**は、家康の関東入国から慶長十（一六〇五）年ころまでの主な代官頭の陣屋の所在地を示したものである。

表1　主な代官頭の陣屋所在地

代官頭名	陣屋所在地
大久保長安	武蔵国多摩郡小門村（八王子）
伊奈　忠次	武蔵国足立郡小室村
彦坂　元正	相模国鎌倉郡岡津村
長谷川長綱	相模国三浦郡西浦賀

直轄領支配

長安は、慶長五（一六〇〇）年の関ケ原の戦いの際には、中仙道を進んだ秀忠の軍に小荷駄《こにだ》奉行として従い、木曽谷の土豪を懐柔するなどして同地の制圧に大きく貢献した。

関ケ原の戦い以降、長安の支配地は、関東・信濃・甲斐・美濃・駿河・大和・近江・石見・越後・佐渡・伊豆に及び、『佐渡年代記抜書』に「諸国御代官頭仰せ付られ、百廿万石支配の由申し伝う」と記されているように、その支配地は一二〇万石にも及んだとされている。

関東において長安が預かっていた徳川氏の直轄地、代官所は、関ケ原の戦い以後も配下の関東十八代官によって支配され続けた。関東の地は、慶長十年に家康が秀忠に将軍職を譲って以降、秀忠の支配地となるが、その後も長安が代官としてその支配にあたっている。慶長十一年に秀忠の年寄大久保忠隣と本多正信は、当時大改造が進められていた江戸城に必要な石灰を青梅から江戸まで輸送する手立てを長安に命じた。そのときの連署状のなかに「其方（大久保長安）御代官所三田領・加治領、御領、私領道中筋より助馬出之、滞りなく石灰付け送り候様申し付くべし」（「佐藤助十郎所蔵文書」）とあり、長安がなお預かる代官所のあったことが確認できる。

石見との関係は、慶長五年に銀山掌握のため彦坂元正とともにその地に派遣されたことに始まるが、長安による直轄領支配は、石見銀山の山師の一人で長安の配下となった吉岡隼人《はやと》に邑智《おおち》郡・仁万《にま》郡のうち四四一七石七斗の代官所支配を慶長七年七月に命じていることことから、遅くとも慶長七年以前には始まっている。

関ケ原直後に幕府直轄領となった甲斐については、甲府城代として平岩親吉が置かれたが、民政は長安に任された。その後、甲斐は慶長八年から十二年までのあいだ、家康の九男である徳川義直の領するところとなるが、義直が駿河に転じた跡はふたたび長安に任された。このときのことを『甲斐国歴代譜』は、「天下の大代官として甲府諸事の成敗を司り」と記している。現地の支配は、長安配下の田辺庄右衛門・大野主水・岩波七郎右衛門らによってなされた。

美濃については、慶長六年に長安の陣屋が岐阜に設けられたころに始まる。美濃一国の仕置とともに、美濃十二郡八十五か村四万二五六九石の幕府直轄領を代官として支配したことが、慶長期の『美濃一国郷帳』から確認できる。

大和への関わりは、慶長八年ころに始まり、慶長十八年の死去まで続く。現地の支配は、当初は家臣である平田右衛門佐・永田内匠の二人が、慶長十二年以降は大津支配を同時に担った下代の鈴木左馬助と杉田九郎兵衛とが行った。

伊豆については、『当代記』慶長十一年正月条に「伊豆国金山に銀子多く出ずと云々(中略)これ已前代官彦坂小刑部たりしを引き替え、向後大久保石見守豆州の御代官仰せ付らる」とあるようにそれまで伊豆の代官であった彦坂元正が失脚したのをうけて長安が代官となり、銀山とともに支配した。

長安は、慶長十八年四月二十五日に駿府で死去するが、その直前の四月二十一日、伊勢津の大名藤堂高虎に自らが預かった直轄地の勘定に関する覚書を送った。これは、家康の信任も厚かった藤堂高虎にこの覚書を家康に披露するよう求めたものである。覚書には、長安がこの段階で代官として支配していた地として、石見・佐渡・伊豆・大和・近江・美濃・甲斐・関東があげられており、これまで述べてきた長安預かりの直轄地の大半は、死去する慶長十八年まで続いたことが確認される。

長安と金山

佐渡金山・伊豆金山・石見銀山・生野銀山は、江戸幕府が直轄した金・銀山として最もよく知られたものである。長安は、このうち生野銀山を除く三つの金・銀山の支配と経営に深く関与した。なお、金山・銀山の呼称は通用に従ったが、当時は、「金山」と書いて「かなやま」と読み、金山・銀山をともに含む鉱山の意味で使用された。ちなみに佐渡金山は、金も産出するが多くは銀を産出した。

石見銀山は、十六世紀の前半に銀鉱が発見され、天文二（一五三三）年に筑前博多の商人神谷《かみや》寿禎《じゅてい》が銀の精練に成功して以降、産銀高は大きくのび、戦国時代には、大内・尼子・毛利三氏が、この銀山をめぐって争奪戦を繰りひろげた。銀山は、毛利氏に帰属したあと、豊臣政権のもとでは豊臣氏と毛利氏に両属したが、関ケ原の戦い直後に、徳川家康が手中に収めた。このとき、彦坂元正とともに石見に派遣されたのが長安である。それ以降、慶長七（一六〇二）年、八年、九年、十年、十二年と連年のごとく長安は、石見に出かけ、銀の増産を実現するとともに、在地に吉岡隼人・宗岡弥右衛門・今井宗玄を置き、銀山支配にあたった。その結果、石見銀山で最も大規模な間歩《まぶ》（鉱脈）のひとつである釜屋間歩などから運上された銀は年間三六〇〇貫にも及んだといわれている。

石見銀山に続いて慶長九年、長安は、佐渡の金山の支配を家康から命じられた。佐渡の地は、慶長六年以降、田中清六・河村彦右衛門・吉田佐太郎・中川主税の四人の奉行によって支配されていたが、彼らが慶長八年に百姓に訴えられ罷免されるという事件が起こった。長安の佐渡金山支配は、この跡を受けてのものであった。佐渡支配を命じられた年、長安は、佐渡に渡るに先立って、当時最高の鉱山技術を持っていた石見銀山の山師を佐渡に派遣し、最新の技術を佐渡金山に導入し、開発と増産を進めさせた。その結果、佐渡金山は一気に繁栄期を迎えた。佐渡に渡った長安は、石見銀山の山師であり長安の配下でもあった吉岡右近に送った慶長九年四月の書状のなかで「ここ元金銀多くわき候間、心安存ぜらるべく候事」と記し、同年十一月の書状には「佐州銀日を追て盛んに候」と記している（『江戸幕府石見銀山史料』）。そこには、佐渡金山が隆盛していくさまが生き生きと描かれている。しかし、慶長十三年には『当代記』が「大久保石見守去月佐渡国へ下、銀子当年は曽て出ず」と記したように大幅な減産に陥った。この原因は『佐渡年代記』が「掘返し地形と海の深さ均しきゆへ、水湧き出でて金穿等も詮方なく、その術計を失」ったことにあった。これに対し長安は、各坑道から「大水貫《おおみずぬき》」への水抜きの工事を実施し、金山の再生を図った。慶長十八年正月に長安の家老戸田藤左衛門から佐渡役人への書状には「そこ元（佐渡）今程盛んに候由、目出度存じ候」（『佐渡相川の歴史』資料集3）とあるように、銀産は回復している。

伊豆金山は、代官頭の一人である彦坂元正の支配下にあった。慶長六年には石見銀山の山師の一人である吉岡隼人が招かれ開発が進められたが、それが大きく進展するのは、彦坂が失脚し、その跡を長安がまかされた慶長十一年以降のことである。長安がこの年十月に京都市中に高札を立て伊豆での金山稼業のものを募ると、諸国から多くのものが伊豆へと下ったと『慶長見聞録案紙』は記している。そして『当代記』の翌年正月の記事には「伊豆国金山に銀子多く出べしと云々、大方は佐渡国より出る程もこれ有るべきと云う也」と、その増産・繁栄のさまを伝えている。佐渡から役人や山師が伊豆に迎えられており、最新の技術が伊豆にも導入されている。

慶長十二年二月には家老で当時伊豆にいた戸田藤左衛門に長文の書状で、長安は、山稼ぎを本格化させること、水抜きの敷設、鉱床の様子、いたずら者の処罰、金山用の米など、自らが赴くまでの伊豆金山の経営に詳細な指示を与えている。

先にあげた死去直前の長安の覚書から、石見・佐渡・伊豆のいずれの金山・銀山も死去まで彼の支配下にあったことが確認できる。

知行割

慶長五（一六〇〇）年関ケ原の戦いに勝利した徳川家康は、同年十月、東軍に加わった諸将に論功行賞として「国分け」を行ったが、一部の旗本層を除いては、外様大名をはじめ多くの武将に対して領知宛行状を出すことはなかった。しかし、新たに領国となった尾張・三河・遠江・大和などでは一部の譜代大名・旗本や寺社に対して、奉行の名で知行を宛行《あておこな》った。その知行目録の発給者として、彦坂元正・伊奈忠次・加藤正次・片桐且元などとともに長安の名がみえる。次にあげたのは、慶長六年五月二十四日付で伊勢長島城主となった菅沼定仍《さだより》宛に出されたものである。

御知行之目録

一弐千百四拾五石三斗四升　　濃州各務郡
　　　　　　　　　　　　　　　あたミ村
一五百五拾弐石九斗六升七合　同
　　　　　　　　　　　　　　　岩田村
　（中略）
　合弐万弐拾石　但野崎下共ニ
右御知行としてこれを進め候、御仕置等仰せ付らるべく候、御朱印の儀、重て申し請け、これを進むべく候、
　慶長六年五月廿四日
　　　　　　　　　　加藤喜左衛門
　　　　　　　　　　　　　正次（花押）
　　　　　　　　　　大久保十兵衛
　　　　　　　　　　　　　長安（花押）
　　　　　　　　　　彦坂　小刑部
　　　　　　　　　　　　　元正（花押）
菅沼新八郎《（定仍）》殿
　　参
（「菅沼家文書」）

表2　慶長6年の武家宛知行宛行状一覧

月　日	宛　先	知行高	地　域	発給者
1.28	片桐且元	24407石	大　和	彦・大・加
2.3	木曽衆11名	16200	美　濃	彦・大・加
3.5	伊達政宗	5000	近　江	彦・加・大
3.5	分部光嘉	20000	伊　勢	彦・大・加・小・片
4.19	山名豊国	6700	但　馬	彦・大・加
5.23	飯田宅次	300	近　江	小・彦・加・大・片
5.24	菅沼定仍	20020	尾　張	彦・大・加
6.18	八木光政	1000	但　馬	大・加
11.20	松平乗次	600	三　河	伊・長谷川長綱・大
12.28	宅間忠次	350	—	伊・長谷川・大
12.29	長岡幽斎	3000	山　城	伊・加・大
12.29	玉置小平太	3000	伊　勢	伊・加・大

注.「伊」は伊奈忠次、「彦」は彦坂元正、「大」は大久保長安、「加」は加藤正次、「小」は小出秀政、「片」は片桐且元の略称。『徳川家康文書の研究』『新修・徳川家康文書の研究』等により作成。

いずれの知行目録・知行宛行状においても、その文末には「御朱印之儀、重て申し請けこれを進むべく候」とあり、領知朱印状が後日発給されることが約束されている。長安が知行割を担当したのは、このときが初めてではない。すでに関東八か国時代にも伊奈忠次とともに知行割にあたっており、関ケ原の戦い以降の知行割への関与も、こうした権限が関東以外の地に拡大したものである。**表2**は、慶長六年に限って武士を対象として出された知行目録・宛行状の一覧表である。この表が示すように、長安は、そのすべてに関与しており、長安がこの時期の知行割においてきわめて重要な役割を果たしたことがうかがえる。

その後も長安は、知行割に関与している。慶長九年三月には武川衆《むかわしゅう》・津金衆への知行目録を成瀬正成と、同年閏八月には林正利・長崎元家への知行目録を板倉勝重とで、慶長十年には朝倉政元ら三名への宛行状を伊奈忠次と、慶長十一年には伊達政宗に加封の知行目録を伊奈忠次と、慶長十三年正月には三浦為春および朝比奈泰元への知行目録を本多正純・伊奈忠次とともに、慶長十五年には伊勢長島城主菅沼定芳に替知行三四二四石余の知行目録を単独で、慶長十七年には石黒重玄・池田政長宛の知行目録を本多正純・成瀬正成・安藤直次とともに発給している。また、慶長十四年には、小堀政一に対し備中国の小堀代官所内において池田利隆夫人である徳川氏に化粧田一〇〇〇石を給するよう、本多正純・土井利勝・安藤直次・成瀬正成・村越直吉とともに指示している。

奉行長安

長安は、単なる代官ではなかった。それは、自ら預かった代官所の支配を下代に任せていたことを意味するだけではない。江戸時代の代官は、一般的にはその地で起こる訴訟を裁許する権限はなく、それは勘定奉行や各地に置かれた遠国奉行の手にあった。長安は、後の奉行が所持する権限をさまざまな地で振るっている。

江戸幕府の大工頭であった中井家の史料『大工頭中井家文書』に「諸事触下覚」という覚書が残されている。この覚は、慶長十四（一六〇九）年から十七年ころのものと推定されているが、その内容は、**表3**に示したように幕府の触を伝達する担当者と担当地域を山城以下十一か国について定めたものである。長安についてみると、大和と美濃がその担当国となっている。

高木昭作氏は、この担当者がその担当国について国絵図・郷帳の作成・管理、知行割付と引き渡し、一国全域からの千石夫の徴収、幕府蔵入地の預かり、幕府法令の伝達といった権限・機能を持っているとされ、それを国奉行《くにぶぎょう》という用語で概念化された。先の「諸事触下覚」はあくまで「触下」を定めたものであり、高木氏が備中を担当する小堀政一について摘出されたこれらの権限・機能を他の担当者も同様に保持していたか否かはなお検討すべき余地が残っていようが、長安の担当国である大和・美濃についてはほぼ首肯できるものである。

表3　慶長末期の「触下」担当国と担当者

担当国	担当者
山　城	板倉勝重
大　和	大久保長安
近　江	米津親勝
丹　波	山口直友・村上吉正
摂　津	片桐且元
河　内	片桐且元
和　泉	片桐且元
但　馬	間宮直元
備　中	小堀政一
伊　勢	日向政成・長野友秀
美　濃	大久保長安

長安による国絵図・郷帳所持、大和における知行割付と引き渡し、美濃における千石夫の徴収、大和・美濃における幕府直轄地の預かり、両国における触の伝達が、それぞれ確認できる。さらに大和では、村落間の争論、寺社の争論の裁許にあたっており、より広い権限を有していた。

石見や佐渡も金山経営が中心であるが、この両国の幕府直轄地も同様、長安が奉行としてその支配・仕置にあたっているが、そこでは大和・美濃よりも一層強い権限を所持している。

当銀山幷温泉津地銭、永代赦免し訖、此旨をもっていよいよ家普請いたし、心安く居住すべき者也、

慶長十年十月廿六日　石見守(大久保長安)（花押）

（『江戸幕府石見銀山史料』）

この立札は、長安が、石見銀山とその外港である温泉津《ゆのつ》の地子銭を免除したものであり、この権限は、大名が自らの領地において行い得るものに等しい。こうした側面は、佐渡の湊の役銭である擢役《かいやく》免除などにもみられる。

こうした一国を単位とした支配のほかに、長安は、各地の多様な訴訟裁許に関わってい

る。慶長九年には長安は、近江国伊香《いか》郡の百姓と浅井《あざい》郡の百姓との水論、同国八嶋村と播磨田村の水論を、京都所司代板倉勝重とともに裁許し、慶長十一年には伊賀国上柘植村と近江国甲賀郡内和田・五反田両村との山論を板倉勝重・米津《よねきづ》親勝とともに、また近江国坂本西教寺と延暦寺との所領相論を片桐且元・板倉勝重・米津親勝とともに裁許している。慶長十二年二月十一日、村越直吉・伊奈忠次・大久保長安・土井利勝・安藤直次・安藤重信・成瀬正成の連署になる野公事裁許状が武蔵国鯨井村給人衆に宛て発せられており、慶長十六年には近江国堅田村漁師に対し漁場を、板倉勝重・安藤重信・米津親勝とともに安堵している。

宿駅の整備

徳川家康は、関ケ原の戦い以後、本拠地江戸と上方との交通・通信を確保するため、宿駅制度の確立を急いだ。この事業にも、長安は他の奉行衆とともに深く関与している。慶長六（一六〇一）年正月七日には、伊奈忠次・彦坂元正とともに遠江国新居宿に新船諸役を免除することを令した。また、同じ月に、東海道の各宿駅に伝馬《てんま》を出す場合の伝馬朱印の見本とともに、そのことを伝える連署状と「御伝馬之定」とを、大久保長安・伊奈忠次・彦坂元正との連名で交付した。連署状は、駿河国由比・江尻・駿府・府中、遠江国見付・伊勢国桑名・四ケ市場、近江国土山宛のものが、「御伝馬之定」は武蔵国保土谷、駿河国三島・由比・藤枝、遠江国金屋・日坂・懸川・浜松、三河国岡崎、伊勢国四日市場、近江国土山宛のものが残されている。「御伝馬之定」の一例として由比宿のものをあげておく。

御伝馬之定

一三拾六疋ニ相定むるの事、
一上口ハ興津、下ハ蒲原迄の事、
一右之馬数壱疋分ニ、居やしき卅坪ずつ下さるの事、
一坪合千八拾坪、居やしきをもつて引き取らるべき事、
一荷積ハ壱駄ニ卅貫目の外付け申すまじく候、其積ハ坪次第たるべき事、
右条々相定むる上は、相違有るまじき者也、

慶長六年
丑正月
伊奈　備前（黒印）
彦坂小刑部（黒印）
大久保十兵衛（黒印）

由比

百姓年寄中

（『徳川家康文書の研究』）

この定には、宿駅に準備すべき馬数、荷物の継ぎ立て区間、馬一疋につき三十坪の居屋敷の供与、荷物一駄の重さ制限などが定められている。

慶長七年六月二日には、荷物の迅速な輸送、荷物の重さ制限と秤の支給、駄賃銭などを決めた「定」が大久保長安・板倉勝重・加藤正次・伊奈忠次の連名で東海道の各宿駅に出されている。さらに、同月十日には江戸町年寄奈良屋市右衛門と樽屋三四良が東海道の各宿駅に出した「路次中駄賃之覚」に板倉勝重・加藤正次・伊奈忠次とともに裏判を据えている。少し時期は下るが、慶長十六年には本多正純ら駿府年寄衆の連署で遠江国新居宿・日坂宿に駄賃銭に関する定を発給している。このように、長安は、東海道の宿駅制の確立と整備に深く関わっている。

このほか、慶長六年には信濃で宿駅制を整備し、翌七年には伊奈忠次・長谷川長綱とともに下野国における公儀伝馬役をつとめる街道筋の町の地子銭を免除し、慶長八年十月二十八日には、美濃国御嵩宿に伝馬駄賃などの定書を発給し、慶長九年二月六日には伊奈忠次・長谷川長綱・大久保長安・内藤清成・青山忠成の連署で弾左衛門に江戸・小田原間の伝馬判物を出し、慶長十二年十一月二十四日には近江草津宿の本陣田中九蔵に諸役儀赦免状を発給している。

検地

長安は、各地で検地を行っている。長安の行った検地は、伊奈忠次の検地が備前縄と称されたのに対し、石見縄、大久保縄と称された。この検地は、太閤検地が一間を六尺三寸としたのに対し、六尺一分として打出し（土地・石高の増加策）の強化をはかったものであり、その後の幕府検地の規準となった。

長安がはじめて検地に携わったのは、家康が駿河・遠江・三河・信濃・甲斐の五か国で天正十七（一五八九）年・十八年に行ったいわゆる「五か国総検」のときであり、伊奈忠次のもとで甲斐の検地を行った。天正十八年の家康の関東移封後は、武蔵国多摩・橘樹《たちばな》・都筑《つづき》・比企・高麗《こま》の各郡、下総国印旛・香取・匝瑳《そうさ》・海上《うなかみ》の各郡、上野国の桐生領などで検地を行っている。

関ケ原の戦い後も、長安は各地の検地に携わっている。慶長六（一六〇一）年から七年にかけては、ふたたび徳川領国となった甲斐国山梨郡・八代郡・巨摩《こま》郡の三郡の検地を行った。慶長十二年には、新たに代官支配を任された伊豆国でも検地を行っており、慶長十二年五月十二日付の大久保長安の家臣岡田伝右衛門・茶代良久左衛門他の署名になる君沢郡上沢村の検地帳が残されている。

長安の検地で最も大規模なものと思われるものは、慶長十四年の美濃の検地である。慶長十四年七月十七日、長安は石見銀山の林六兵衛らに宛てた書状のなかで「我等も江戸将軍様（徳川秀忠）御目見へ参、駿河へ参、夫より美濃へ縄打に参り候、加様ニ手透なくあるき候間、物毎其元ニての儀、油断なき様肝要の事」（『江戸幕府石見銀山史料』）と記しているように、自らこの検地にあたった。そして翌十五年にも「大久保石見守、濃州岐阜に着く、去夏より越後国国中村里相改め逗留、信州を通り、直に美濃国へ来る、是当国去年地検郷村知行相改めらるため也」（『当代記』）とあるように、前年の検地にもとづく知行改のために美濃に至っている。

このほか『佐渡年代記』の慶長十三年の記事に「長安ハなお佐州に留りて、来夏越後田畑広狭を改め、信州を歴て、美濃国中経界を按検すと聞ゆ」とあり、越後において検地を実施したとも思われる記事があるが、確証はない。

信濃・越後支配と松平忠輝

信濃における支配は、慶長八（一六〇三）年二月、松代十三万七五〇〇石を領した森忠政が美作に転封され、その旧領は、家康の六男松平忠輝の領するところとなり、長安は、補佐役としてその支配に深く関わった。同年十一月に松代に入った長安は、十一月七日忠輝領の仕置に関する覚書を出している。覚書の内容は、年貢率の決定と皆済、年貢米の金銀・綿等による代納、百姓の訴訟の扱い、代官・下代の非分の訴え、非分な升の扱い、下代らへの礼銭、縄はずれ（検地からはずれた土地）などの耕地の申し出、郷中のいたずら者、盗人・夜討などの通報、走百姓《はしりびゃくしょう》の還住と荒地の開発など、多岐にわたるものである。この覚書は、忠輝領の農村仕置のための「指南」として出されたものであるが、長安の農村仕置の基本方針をうかがうことができる。

慶長十五年閏二月三日、忠輝は、改易となった堀忠俊の旧領越後福島を加増され、福島に移り、旧領をあわせ六十万石を領することになる。『当代記』の慶長十五年七月二十九日条に「大久保石見守、濃州岐阜に着く、去夏より越後国国中村里相改め逗留、信州を通り、直に美濃国へ来る」とあるように、長安は、この夏、「越後国国中村里相改」のため越後の地にいる。さらに『駿府記』の慶長十六年の記事に長安が「日来越後国仕置」にあたっていたことが記されている。

実際、この年、長安は、松平重勝ら五名の松平忠輝の年寄衆と連署して、信州・越後往還道のことにつき定書を、信濃国大豆島村百姓中に宛て大豆島打切の儀についての裁許状を、信濃国柏原宿・古間宿・福島宿・越後国はつさき宿宛に伝馬宿の書出を、越後国松之山の疲弊に関する定書を、信濃国柏原宿・古間宿・野尻宿宛の屋敷地年貢免除の手形を出しており、忠輝領である信濃・越後の仕置にあたっている。このように、松代時代に忠輝領の支配に関与していた長安は、忠輝の越後転封後もその仕置にも関与し続けている。

駿府年寄としての長安

慶長十二(一六〇七)年、家康は駿府に居を構え、江戸と駿府の二元政治を開始する。家康のもとには、本多正純を筆頭とした数人の年寄衆、崇伝・天海などの僧侶、後藤庄三郎らの商人、ウイリヤム・アダムスなどの外国人など多彩な人物が集められ、政治を助けた。この駿府年寄衆の一角を占めたのが長安である。しかし、長安は、駿府の年寄といっても常に駿府にいたわけではなく、相変わらず各地を動き回っている。長安が駿府年寄であることを最も具体的に示すのは、家康の意向を年寄衆が受けて大名などに伝える奉書への加判である。

表4は、慶長十二年から慶長十七年までのあいだに、長安が加判した奉書の一覧である。いうまでもなく、長安が加判していない駿府年寄衆の連署する奉書はほかにも残されている。この表から、長安が駿府年寄衆として関わった事項を概観すると、駿府城・名古屋城の用材や大工動員など城普請・作事、灰吹銀《はいふきぎん》の取り扱い、街道の人足・人馬駄賃定など街

表 4　駿府年寄衆として長安加判の奉書

年　月　日	用　　件	宛　名	発　給　者
慶長			
12年 2 月14日	駿府城用材の吉野調達	中井正清	本·大·安·成
12月25日	見付助左衛門の勘定	小田切茂富他	大·本·安·成·村
14年 3 月13日	池田利隆夫人へ 化粧田引渡	小堀政一	本·大·土井·安·成·村
5 月 3 日	諸国銀子灰吹吹分禁止	小堀政一	本·安·成·村·大
3 日	〃	直江兼続	本·安·成·村·大
3 日	〃	佐竹義宣	本·安·成·村·大
28日	瓜の駿府までの人足	舞坂宿	本·成·大·安·村
5 月 8 日	〃	新居宿	本·成·大·安·村
8 月 4 日	公家猪熊教利の探索	本多忠政	本·大·安·成·村
15年 4 月22日	代官衆の勘定査察	板倉勝重他 1	村·本·大·成·安
4 月25日	〃	板倉勝重他 1	村·本·大·成·安
4 月27日	〃	板倉勝重他 1	本·安·成·村·大
16年 2 月26日	人馬駄賃定	坂宿	本·大·成·安·村
2 月26日	〃	新居宿	本·大·成·安·村
7 月25日	あな田はいふき銀 にせはいふき銀法度	山村良安 千村良重	本·大·成·村
17年 1 月19日	名古屋城普請木取目録	中井正清	本·成·大
4 月19日	伝馬朱印の留置	万年久頼	本·台·安·板·成·米·村
6 月28日	名古屋城天守閣の建設	中井正清	本·大·安·成·村·竹
7 月13日	名古屋城天守閣の材木	松平家乗他	本·安·大·成·竹
7 月13日	〃	小堀政一他	本·安·大·成·竹
7 月15日	猿楽衆配当米のこと	直江兼続	本·安·成·村·大·永井
7 月15日	〃	亀井茲政	本·安·成·村·大·永井
10月16日	知行目録	石黒善十郎	本·大·成·安
12月25日	朱印なき給人知行書立	小堀政一	本·大·安·成
12月25日	〃	鈴木左馬助他	本·大·安·成
12月25日	〃	米津親勝	本·大·安·成

注. 発給者の「本」は本多正純、「大」は大久保長安、「安」は安藤直次、「成」は成瀬正成、「村」は村越直吉、「竹」は竹越正信の略称。

道・宿駅、代官衆の勘定の査察に代表される幕領勘定、知行割・給人知行の調査など知行、大名衆への猿楽衆配当米に関するものなどをあげることができ、その内容は多種多様なものである。

年寄衆の連署の奉書という形ではないが、木曽山を管理していた遠山友政・山村良勝らに家康の意を受けて、慶長十二年には駿府城作事用の木曽材の調達を督励し、慶長十五年には名古屋城作事材木の調達、慶長十七年には武蔵国六郷大橋の用材調達を命じている。こうした用材の調達だけでなく、慶長十七年には、家康から名古屋城の作事奉行を小堀政一・村上吉正ら八名とともに命じられており、作事奉行としての機能をも果たしている。

慶長十七年二月から三月にかけて、キリシタン大名である有馬晴信と家康の側近である本多正純の家臣岡本大八とのあいだでの贈収賄事件の取り調べが駿府で行われた。この事件は、慶長十四年有馬晴信がポルトガル船ノッサ・セニョーラ・ダ・グラッサ号（マードレ・デ・デウス号とされてきたもの）を長崎湊で撃沈した功により有馬氏の旧領肥前三郡の拝領を斡旋することを岡本大八が持ちかけ、多額の賄賂を取ったことに端を発するものであったが、この審理にあたったのが長安であった。本来であれば駿府年寄の筆頭である本多正純が審理にあたるはずであるが、大八が正純の家臣であったために、駿府年寄衆の次席に位置する長安にこの役が命じられたのである。

各地に現れる長安

以上述べてきた長安の幕政における役割を整理すると、以下のごとくである。

①幕領を預かる代官
②石見・佐渡・伊豆の金山支配
③知行割
④仕置に関わる奉行、殊に国奉行として
⑤道中支配
⑥検地奉行
⑦松平忠輝領の仕置への関与
⑧駿府年寄

①の代官としての役割は、幕府の支配機構が確立して後には勘定奉行の支配下の代官が、②の石見銀山は石見代官、佐渡金山は佐渡奉行が、③の知行割は勘定奉行が、④は、奈良奉行・美濃郡代など遠国《おんごく》役人が、⑤の道中支配は大目付・勘定奉行の兼役である道中奉行が、⑧の駿府年寄としての役割は老中が担うことになる。⑥検地奉行の役割は、その後の

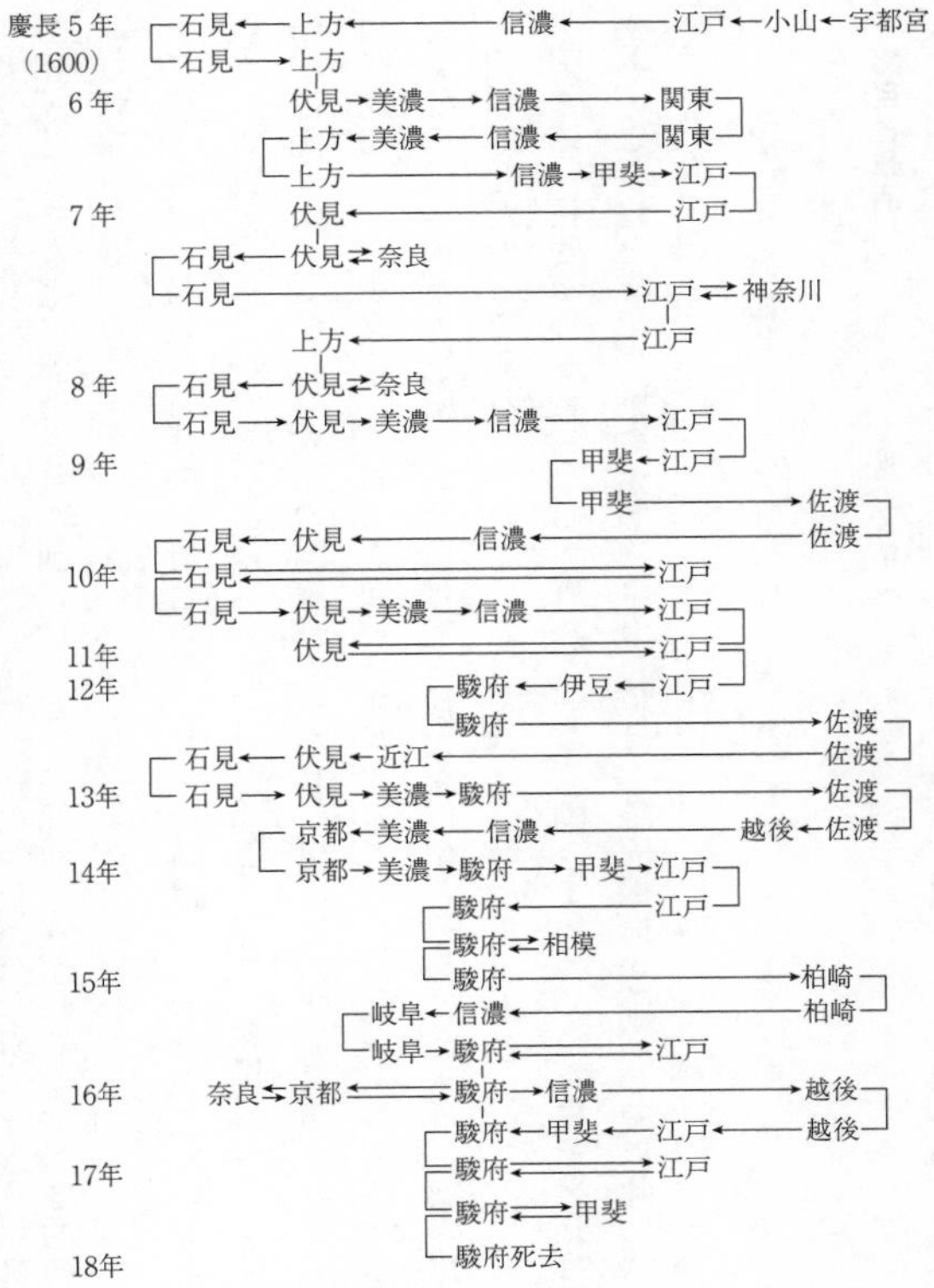

図1 大久保長安の動き

注. 杣田善雄「大久保長安の居所と行動」(藤井讓治編『近世前期政治的主要人物の居所と行動』所収)により作成。

幕府検地では多くが大名課役としてなされ、⑦松平忠輝領の仕置への関与は、大名が幼少で相続した折などに派遣された国目付などに一部引き継がれるが、基本的にはこれ以降はみられなくなる。

このように、長安の時代の幕府行政・裁判・財政は、なお分化していない点に一つの特徴がみられる。さらに、長安の担った役割は、時を追って変化したのではなく、石見銀山・佐渡金山を支配し、大和の国奉行でもあり、忠輝領の仕置に預かり、駿府年寄衆の一員であるというように、これらが同時に並存することに特徴がある。こうしたことが可能であるのは、天下人家康の長安に対する絶大な信頼とそれに応える長安の比類稀な能力とが相呼応したからである。

図1は、長安が日本全国を西へ東へと暇なく動きまわっている様子を概略示したものであり、これほどまでに動きまわる幕府官僚は、幕府機構が確立して以降にはみられない。

2　大岡忠相

出自と家柄

大岡忠相は、延宝五（一六七七）年、旗本大岡忠高の四男として江戸に生れた。幼名は、求馬《もとめ》、成長して市十郎、次いで忠右衛門を通称とした。男六人女四人の十人兄弟姉妹の七番目の子供である。忠相十歳の貞享三（一六八六）年十二月十日、同族の大岡忠真の養子となり、後に忠真の娘を妻とした。

大岡家の祖とされるのは、戦国時代、松平清康・広忠に仕えた忠勝である。忠勝の跡を継いだ三男の忠政は、徳川家康に仕え、三方ケ原の戦いをはじめ多くの戦いに参陣し戦功をあげた。忠相の生家は、この忠政の四男忠吉を祖とし、忠吉の長男忠章、忠章の長男忠高と代を重ねている。祖の忠吉は、慶長八（一六〇三）年相模国において一六〇石の知行をえ、その後しばしば加増され一五〇〇石となり、寛永十（一六三三）年には東福門院付武士となり三〇〇石を、後五〇〇石を加増され、合計二三〇〇石を領した。明暦二（一六五六）年、忠吉の跡を継いだ忠章は、二〇〇〇石を知行し、三〇〇石を弟の忠宗に分かつが、翌三年に死去した。跡を継いだ忠高は、一七〇〇石を知行し、三〇〇石を弟の忠久に分かち与えた。その後、万治元（一六五八）年に書院番、寛文七（一六六七）年に徒頭、天和二（一六八二）年に五〇〇石を加増され、同三年に目付、貞享二年に奈良奉行となり、五〇〇石を加増され、すべて二七〇〇石を知行した。

忠相が養子に入った大岡家は忠吉の兄忠世を祖とする家で、養父は、忠世の次男で家を継いだ忠真である。忠世は、父忠政の采知のうち二二〇石を分与され、後二〇〇石、つい

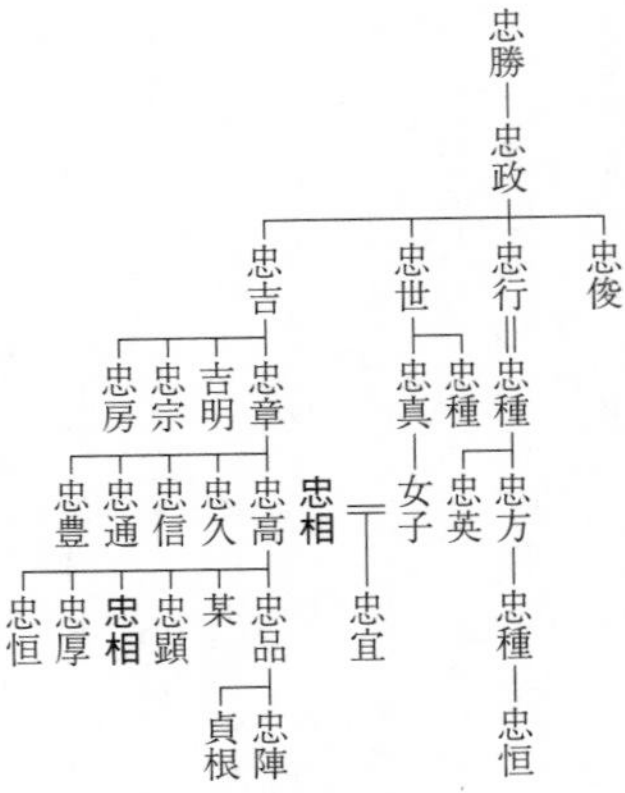

図2　大岡氏系図

で五〇〇石を加増され、合計九二〇石を知行した。忠世の最終の職は大番組頭であった。忠世の子忠真は、寛永十九年に遺跡を継ぎ、万治二年に書院番、延宝七年に徒頭となり、天和二年に五〇〇石を加増され、元禄三（一六九〇）年に先鉄砲頭、同七年に駿府定番となり同時に五〇〇石を加増され合計一九二〇石を知行した。

このように、忠相の生家、養子先とも、三河以来の譜代の家柄であり、幕府が確立していく過程で分家し取り立てられた上級旗本である（**図2**参照）。

一族の危機

忠相は、貞享四（一六八七）年九月六日、江戸城に初めて登り、表大広間にて酒井忠胤ら八十人とともに五代将軍綱吉に初御目見した。この御目見によって、忠相は、幕府に正式に認知されたことになる。

忠相の長兄忠品は、元禄四（一六九一）年に小姓組、翌五年桐之間番の番士となったが、元禄六年二月三十日、綱吉の勘気にあい、八丈島に流罪となった。幕府の日記である「柳営日次記《りゅうえいひなみき》」の同日条には「桐之間番大岡主殿（忠品）不届ニ付八丈嶋へ流罪」とあり、『寛政重修諸家譜』には「御勘気をかうぶり八丈嶋に流され」とあるのみで、事の詳細は分からない。ただ「柳営日次記」には上記の記事に続いて「松平伊賀守へ御預ケ桐之間番渡辺源三郎」とあり、忠品とともに渡辺源三郎も処罰されており、桐之間番に関わっての不始末が原因であったと推測される。

処罰は、忠品に止まらず、忠品の父であり忠相の父でもある忠高に及んだ。当時奈良奉行であった忠高は、その職を奪われ、出仕を止められ、五月二十三日小普請《こぶしん》入りとなった。このとき、出仕することは許されたが、なおそれを憚り七月十五日に許され、元禄十年十二月一日に先鉄砲頭となり、職に復帰した。また、八丈島に流罪となった忠品は、元禄九年五月二十四日、四代将軍家綱の十七回忌の法会による赦によって他の二四八人とともに赦免され、小姓組に復帰した。

元禄九年正月三十日、当時書院番士であった一族の忠英が上司である書院番頭の高力忠弘を殺害、その場で同家の家臣によって討ち取られるという事件が起こった。「柳営日次記」の同日の条には「御書院番頭高力伊予守（忠弘）へ同人組大岡五左衛門（忠英）儀、養子の儀ニ付伊予守方へ罷越し、伊予守を切り殺し申し候ニ付、伊予守家来共寄合五左衛門を切り殺し申し候」と、事件の概要を書き留めている。そして二月五日、「何分ニも頭の了簡の段申し開くべき事意趣ニも及びまじきを以て、頭へ対し非儀の仕形重々不届」とされ、忠弘に伜・兄弟があればそれらを厳しく処罰すべきところであるが、そうしたものがいないので忠弘の「忌掛り之親類」は「閉門」、「遠親」は遠慮という処罰が、江戸城菊之間において老中列座のなか老中大久保忠朝より番頭に申渡された。

忠英は、**図2**に示したように大岡家の本家四代忠種の次男で、寛文七（一六六七）年に書院番となり、同九年俸禄三〇〇俵を、ついで天和二（一六八二）年には父忠種の俸禄のうち五〇〇俵を改めて俸禄として与えられていた。事件の起こった元禄九年には、忠英には子はなく、本家を相続した兄忠方は元禄元年にすでに死去していた。そのため処罰は一族に及んだ。

表5は、閉門を命じられた者の一覧、**図3**は、その関係図である。忠英の父忠種は、同族大岡忠世の長男で、本家大岡忠行の養子となった。忠真は、大岡忠世の子であり忠種の実弟であり、忠英の伯父にあたる。その忠真の養子となった忠相も養子縁組の結果忠英の従弟としてあつかわれた。上田元隆は、上田元勝の妻が忠種の実妹であり忠英とは従弟の関係にある。忠種（四代の忠種とは別人）は、父忠方が忠英の長兄であり忠英にとっては

表5　閉門の処罰を受けた者

氏　名	関係	職
大岡忠真	伯父	駿府定番
大岡忠種	甥	書院番
榊原忠知	甥	書院番
榊原忠賢	甥	書院番
上田元隆	従弟	小姓組
花井知久	叔父	小普請
浅井元忠	従弟	書院番
花井吉武	従弟	小普請
大岡忠相	従弟	忠真子
加藤光政	従弟	切手番

注.「柳営日次記」により作成。

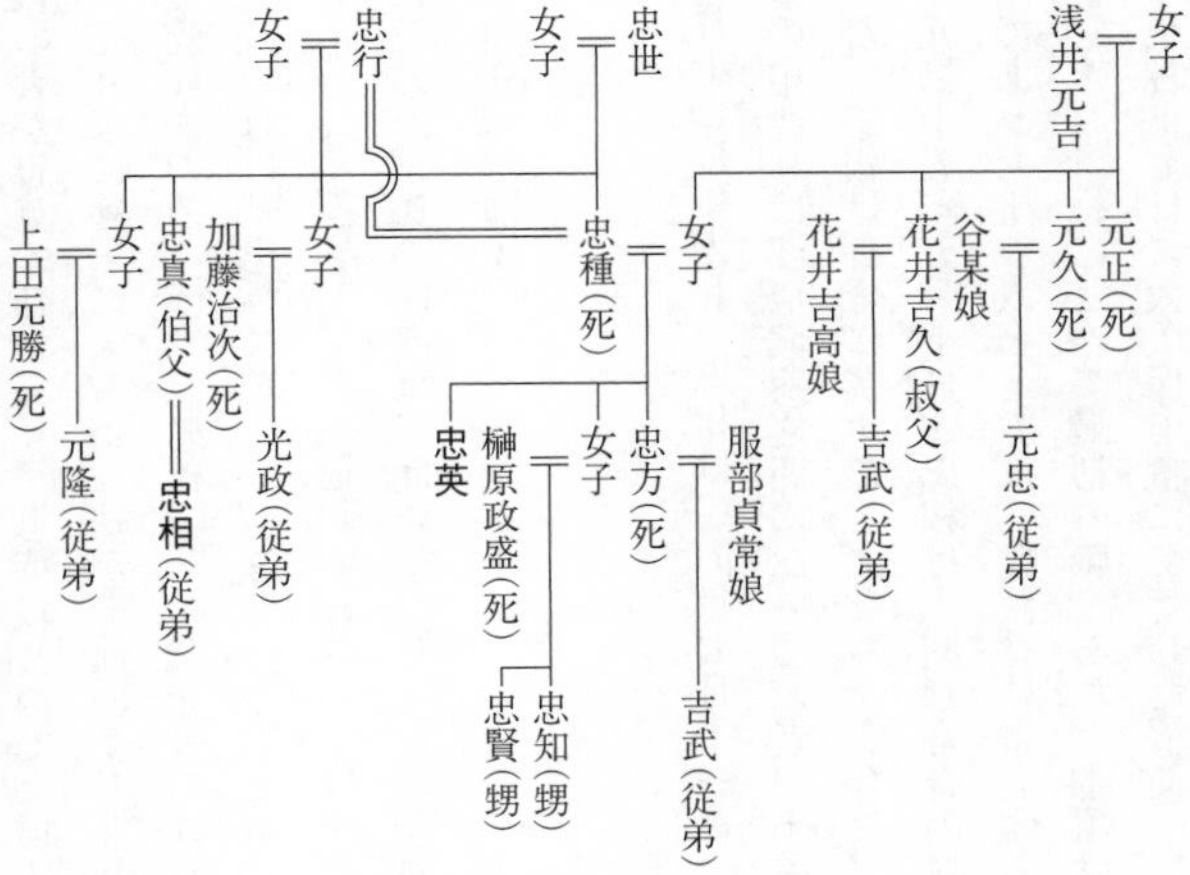

図3　忠英をめぐる血縁関係

甥にあたる。榊原忠知・忠賢は、榊原政盛の妻が忠英の姉であり、忠英にとっては甥にあたる。また浅井元吉の三男である吉久は、花井家に養子に入るが、妹が忠種の妻であり忠英にとっては叔父にあたり、その子吉武は甥にあたる。浅井元忠は、その父元久の妹が忠種の妻であることで従弟にあたる。加藤光政の母は、忠種の養父である忠行の娘であり、忠種は義理の弟であり、光政は忠英にとっては従弟にあたる。「遠親」については明らかではないが、このように処罰は広く一族に及んだ。この閉門は、同年十二月九日に全員許されるが、なお憚り、それは翌十年四月二十日まで続いた。

家督相続と書院番就職

養父忠高は、元禄十三（一七〇〇）年四月十日に死去し、忠相は、同年七月十一日に養父の遺跡を継ぎ、一九二〇石を領した。この申渡しは江戸城菊之間において、老中土屋政直からなされた。相続後、しばらくのあいだ、忠相は寄合に属することになる。寄合は、無役の上級旗本が属する格式の一つである。元禄十五年五月十日、忠相は、同じ寄合の村瀬房矩・牧野成純・松平忠房、そして小普請であった十一人とともに、書院番に番入することを命じられ、十組あるうちの四番組に属した。忠相にとって最初の職である。番頭は酒井忠與である。その後、番頭は元禄十七年正月十七日に大久保忠庸に交替した。

忠相の就いた書院番は、十組あり、各組は番頭一人、組頭一人、番士五十人で構成された。日常の勤務は、江戸城虎之間と中雀門・上埋門の守衛、諸儀式での給仕、将軍出行の際の前後の警護、江戸市中の巡回であり、一年交替で一組ずつが駿府城の在番にあたった。忠相の属した書院番四番組の駿府在番を勤める年は寅年であったので、忠相が書院番であった期間である元禄十五年から宝永元（一七〇四）年までのあいだに寅年はないので、忠相は、駿府へは行っていないと思われる。

元禄十六年十一月二十二日、江戸は大地震にみまわれる。この地震は慶安二（一六四九）年以来のもので、後の安政二（一八五五）年の大地震、大正十二（一九二三）年の大地震に並ぶ大規模なものであり、江戸城の城廻り、大名・旗本屋敷、寺社、町屋に甚大な被害を与えた。同月二十九日、勘定奉行荻原重秀が地震によって破損した「御城廻御修復」を取り仕切るよう命じられるが、「御城廻御修復御手伝」として書院番・小姓組から十三人が選ばれ、仮役として各所の普請奉行を命じられた（「柳営日次記」）。この十三人のなかに忠相もあった。なお、書院番となったときには「求馬」を名乗っていたが、このときには「市十郎」と改めている。

徒頭・使番・目付

宝永元（一七〇四）年十月九日、忠相は、戸田喜右衛門の跡を受けて徒頭《かちがしら》となる。このときまでに忠相は市十郎を忠右衛門と改めている。徒頭の命は、「御座之間」において将軍綱吉によってなされた。書院番となった折には老中よりの申渡しであったが、「頭」となったことが、将軍よりの直接の申渡しという形をとらせたのである。徒頭は、御目見以下の徒を従え、江戸城獅子之間に詰め、将軍の出行に際しては先払、辻固を勤め、夏には徒の隅田川での水練を見分した。なお組数は二十組である。

同年十二月十一日、忠相は、目付丸毛利雄ら十五人とともに「布衣《ほい》」を許された。この申渡しは、芙蓉之間において老中列座のもと老中稲葉正通によってなされた。「布衣」は、江戸幕府においては、無紋の狩衣《かりぎぬ》のことで、諸大夫に次ぐ格式を持つものであり、官位を持たないが、書院番頭・小姓組番頭など上級の職のものに許され、儀礼の場で着用された。

徒頭時代に臨時に命じられた役に、宝永四年の山城宇治行がある。同年三月二日、忠相は、数寄屋頭野村休盛とともに宇治行を命じられ、同月二十八日には江戸を離れ宇治へ行くための暇が与えられ、その折に金三枚と時服二を拝領した。この宇治行は、将軍に献上する茶壺を江戸に持ち帰る、いわゆる茶壺道中のためのものであった。同年六月二十八日には帰府している。

宇治から帰って間もない同年八月十二日、忠相は、同役の松平正辰・小姓組の大久保忠音・書院番の鳥居成豊とともに使番を命じられた。使番は、江戸においては大名への上使、火事場の視察・指揮にあたり、また江戸から諸国に出ることが多く、二条・大坂・駿府などの目付、城請取の臨検、幼少大名の後見としての国目付、諸国巡見などを勤めた。忠相に関しては、翌宝永五年七月二十五日に目付へと一年足らずで転出したこともあって、江戸を離れた様子はない。

忠相は、目付の職を伊勢山田奉行となる正徳二（一七一二）年正月まで三年半のあいだ勤めた。目付は、旗本・御家人の監察、諸役人の勤向を査察し、万石未満への法令の伝達、諸役所からの書類の評議を管掌し、評定所出座、火事場の監察などを分掌した。正徳元年七月十八日には、寺社奉行・大目付・町奉行・勘定奉行・目付の全員が、御座之間において御目見のあと将軍家宣からそれぞれ絹・縮などを拝領した。このなかに忠相の姿もみえる。

山田奉行・普請奉行

忠相は、正徳二（一七一二）年正月十一日、前年に辞めた佐野直行の跡役として伊勢山田奉行を命じられた。そして、正月二十一日には山田への赴任にあたって、金三〇〇両を恩貸された。ついで、同年三月十五日に山田へ行くための暇が出、同時に従五位下能登守に叙任している。この諸大夫成は、山田奉行就任にともなうもので、通例のことである。

山田の者と紀州藩領松坂の者とのあいだで多年にわたる争論があり、山田側に理があったが、代々の山田奉行は、御三家の一つである紀州藩に気がねして裁許を延び延びとしていたのを、忠相は、山田奉行となるやすぐさま裁許した。当時紀州藩主であった吉宗がこれを知り、将軍となって以後、普請奉行であった忠相を町奉行に抜擢したといわれている。この話は、『徳川実紀』にも載せられているものであるが、大石慎三郎氏が指摘されているように事実ではないと思われる。

正徳五年七月、忠相は、山田奉行となって後はじめて江戸に「参上」し、同十八日に将軍への御礼を済ませている。その後忠相はしばらく江戸にいたようである。翌享保元（一七一六）年二月十二日、勘定奉行となる大久保忠位の跡を受けて普請奉行を命じられた。普請奉行は、江戸城の石垣や堀の普請、神田・玉川上水、江戸の屋敷割り、屋敷の受け取り・受け渡しなどを管掌した。定員は二人で、このときの相役は、朽木定盛であった。

普請奉行として忠相は、新井白石の屋敷の受け渡しに関与したことが知られている。七代将軍家継の死去を受けて享保元年五月に徳川宗家を継いだ吉宗は、家継のもとで政治を牛耳っていた間部《まなべ》詮房・新井白石を政権の中枢から退けた。これにともない白石は、これまで拝領していた小川町の屋敷を召し上げられ、内藤宿六軒町に新たに屋敷を与えられた。この両屋敷の受け渡しに忠相は普請奉行として関わった。白石の日記によれば、正月十六日に屋敷召し上げを伝えられた白石は、二十三日に屋敷を引き渡すと忠相に通知した。しかし忠相からは確かな引き取りの日時を知らせてこなかったため、白石はたいそう立腹している。そうしているうちに二十二日に小石川から起こった火事で小川町の屋敷も類焼し、屋敷の引き渡しは結局二月一日となった。一方、六軒町の屋敷を白石は同月二十五日に受け取った。しかし、この間の二月三日に忠相は町奉行となったため、その引き渡しは忠相の跡役となった丸毛利雄によってなされた。

町奉行忠相

享保二（一七一七）年二月三日、忠相は、御座之間の御前において八代将軍吉宗から江戸町奉行を命じられた。忠相四十一歳のことである。このとき、能登守を越前守に改めた。忠相就任時の町奉行は、元禄十五年に始まった北町・南町・中町の三人制であり、相役は、坪内定鑑と中山時春であった。坪内は、享保四年正月二十八日に職を辞するが、このとき町奉行は二人制に戻る。中山は享保八年六月に辞任し、その跡を諏訪頼篤が襲い、享保十六年まで勤める。諏訪の跡は稲生正武が就任し、忠相の寺社奉行就任後の元文三（一七三

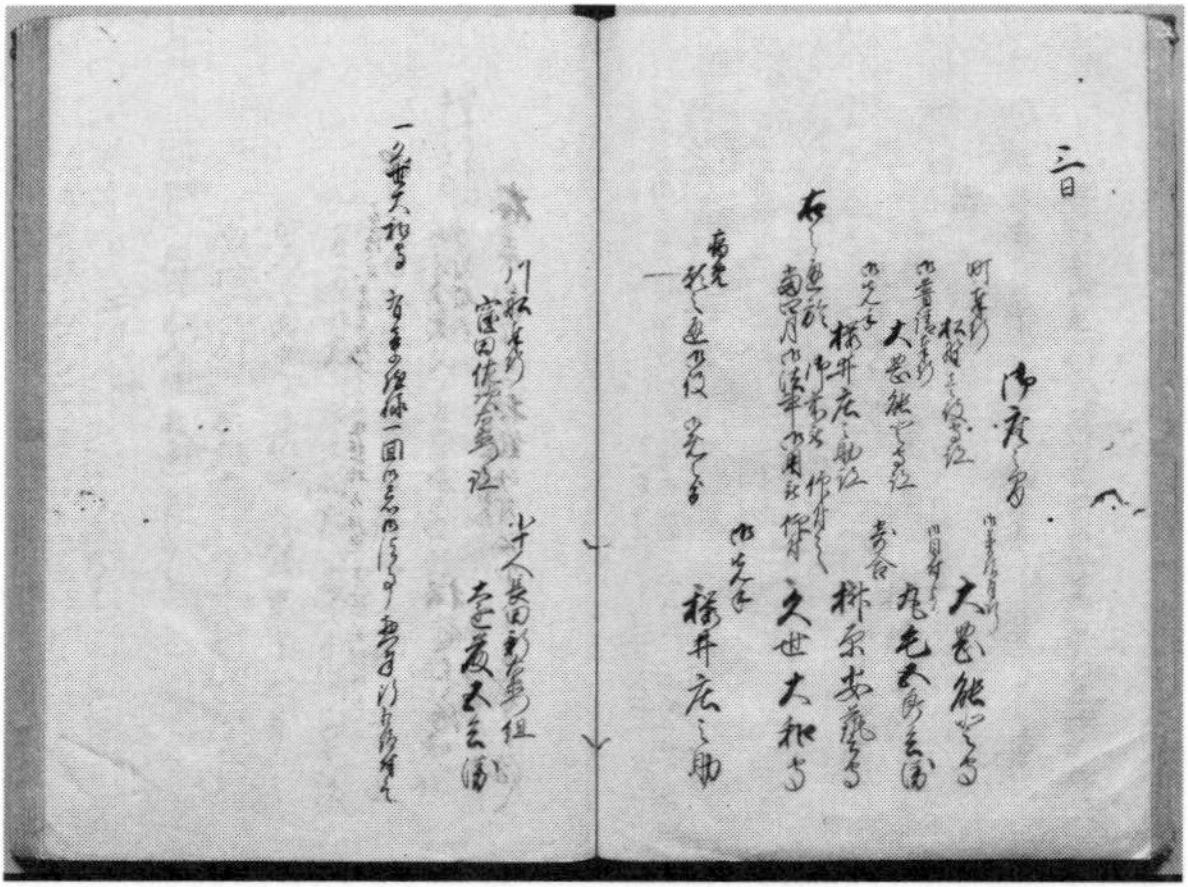

忠相町奉行となる（「柳営日次記」享保二年二月三日条　内閣文庫蔵）

八）年二月までその職にあった。

忠相の町奉行就任は、家格からすれば順当なものであったが、四十一歳の若さでの就任は異例のことであり、やはり大抜擢といってよい。就任時の知行高は、一九二〇石であったが、享保八年に実施された足高《たしだか》の制で町奉行は三〇〇〇石相当の職とされたため、一〇八〇石の足高を受けた。享保十年九月十一日には、武蔵国比企郡・幡羅《はたら》郡、上総国市原郡で二〇〇〇石を加増されるが、これまた足高の制のもとでは異例なことである。

町奉行としての忠相の仕事の第一は、江戸を防火都市とすることであった。具体策の第一は、町火消の創設である。

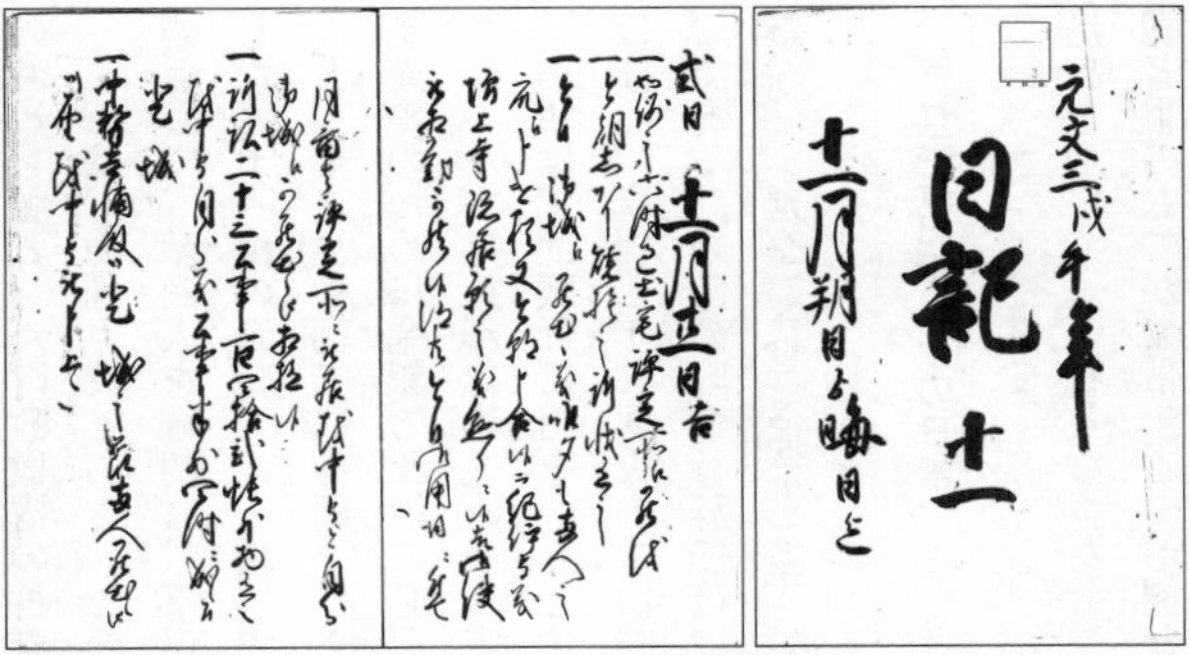

大岡忠相日記（大岡家蔵、国文学研究資料館寄託）

享保三年に町ごと三十人一組の火消組合を作らせ、享保五年に著名な「いろは四十七組」に再編した。具体策の第二は、享保五年ころに始められた町屋の屋根の不燃化対策である。忠相は当初すべての町屋を瓦ぶきにしようとしたが、現状の家屋では瓦の重みに堪ええないなどといった名主らの執拗な反対にあい思うようには進展しなかった。しかし忠相はあきらめることなく、蠣殻《かきがら》屋根・瓦屋根化、塗屋造り・土蔵造り化を着実に推進していった。具体策の第三は、防火地帯としての火除地の設定である。火事跡だけでなく町屋の強制撤去も含めて火除地は作られた。第四は、火の見櫓の設置である。

忠相の仕事の第二は、「歳番」「本所見廻り」「牢屋見廻り」「出火之節人足改め」の新設など町奉行所の機構改革と「町代」の廃止、「町名主」

の減員を軸とした町政機構の再編であった。

第三は、物価対策である。この時期に顕在化する「米価安の諸品高」という事態への対処として、米商人を統制し、享保六年には扇屋・紺屋・菓子屋・紙屋など奢侈品を中心とした九十六種の商売人に、次いで享保九年には生活必需品である米・木綿・塩・みそ・酒など二十二品の商人に仲間を作らせ、米価の維持と物価引き下げをはかった。さらに、物価調整のために金銀の改鋳の必要を強く主張した。改鋳は忠相の町奉行在任中にはなされなかったが寺社奉行昇進直後に実現した。

第四は、武蔵野新田を中心とする関東幕領の支配である。これは町奉行としての職務ではなく、享保七年に同役の中山時春とともに命じられた関東地方《じかた》御用掛就任にともなうものである。中山の町奉行辞任後は忠相の一人役となり、寺社奉行となってからもこの職は継続し、延享二（一七四五）年五月三日にようやく許された。

寺社奉行忠相とその日常

元文元（一七三六）年八月十二日、忠相は、寺社奉行に栄進し、二〇〇〇石を加増され、足高を加えて一万石となった。このとき、六十歳である。寺社奉行の職は、このころには奏者番のものが兼帯するのが例となっており、奏者番は五万石前後の譜代大名の初任の職であり、奏者番でもなく、また中堅の譜代大名でもない忠相が寺社奉行に就任するのは異例中の異例であった。そのため、忠相が寺社奉行として初めて登城した折、奏者番の控の間に入ったところ相役の井上正之からここは奏者番の控の間であるといわれ追い出されてしまった。これを聞いた吉宗は、忠相のために奏者番の控の間の隣に忠相の部屋を設けてやった。

寛延元（一七四八）年閏十月一日、忠相は、奏者番を命じられ、三河国において四〇八〇石を加増され名実ともに一万石の大名となり、三河国額田郡西大平（岡崎市）に陣屋を置いた。翌年二月二日には、関東の所領を下総に移されている。宝暦元（一七五一）年十一月二日、病のため寺社奉行・奏者番の両職の辞任を願い出るが、寺社奉行のみの辞任が許された。そして同年十二月十九日に七十五歳の生涯を閉じた。

寺社奉行となって以降、忠相の仕事は、寺社・遠国を対象としたもの、寺社奉行の仕事の一環としての評定所出座、さらに享保七年に命じられた関東地方御用掛の三つに大きくは分けられる。さらに寛延元年からは奏者番としての職務も加わった。

評定所への出座は、町奉行から寺社奉行へと職を変えたほかは町奉行時代と基本的には変わりない。評定所での寄合は、他領他支配関連の公事《くじ》と政策立案を主として扱ったが、それには式日と立合の二種があった。式日の寄合は寛永十二（一六三五）年に定まり月三

表6　忠相の元文3年評定所出座と公事訴訟取扱件数

種	式日						立合					
日	2日		11日		21日		4日		13日		25日	
月	訴	公	訴	公	訴	公	訴	公	訴	公	訴	公
1	—	—	0	0	33	186	—	—	2	3	4	8
2	5	3	2	0	23	140	22	165	10	7	18	11
3	3	3	0	2	29	171	14	106	18	6	20	9
4	7	5	2	0	30	168	27	159	8	11	9	6
5	8	5	2	3	23	153	14	129	17	4	5	9
6	6	2	欠		32	155	22	149	欠		12	12
7	2	9	4	6	15	150	26	135	—	—	15	10
8	9	6	3	1	31	128	25	146	欠		13	6
9	4	4	5	0	24	148	19	135	11	12	11	8
10	6	2	欠		18	146	28	137	欠		5	8
11	欠		6	1	23	142	欠		14	6	8	3
12	6	3	11	2	25	127	29	138	—	—	—	—

注.『大岡越前守忠相日記』により作成。

日とされ、この時期には二日・十一日・二十一日の三日であった。立合の寄合は訴訟公事数の増加を受けて寛文八（一六六八）年ころに新たに設定されたもので、このころは四日・十三日・二十五日の三日であった。式日・立合の寄合は、扱う案件に区別はなかった。式日のうち十一日には老中の出座があり、式日には大目付・目付が出席したが、立合には目付のみが出席した。また四日・二十一日は金公事日と称され、金銀出入りのみを捌いた。

表6は、元文三年に忠相が出座した式日と立合の寄合数を日ごと

に示したものである。形式的には一年で七十二回ということになるが、正月二日・四日、七月十三日、十二月十三日・二十五日の五日は例年寄合は持たれていない。また、正月十一日は寄合始めということで訴訟・公事は扱わない。残る六十七回のうち忠相は、六回評定所に出ていないが、六月の二回は綱吉の側室お伝の方の葬送執行に、十月の二回は六代将軍家宣の二十七回忌の法会の執行に寺社奉行として関与したためのものである。また十一月の二回も服忌によるものである。八月の一回は「不快」を理由とするものであるが、忠相が自らの事情で出座しなかったのはこれが唯一のものである。

寄合で取り捌いた訴訟・公事の件数は、普通は両者合せて十数件であるが、金公事を取り捌いた四日と二十一日は、**表6**に示したように、訴訟二十〜三十件、公事百数十件にも及んだ。

忠相は、式日の寄合の日には、朝六つ時（午前六時頃）に評定所へ出かける。審理は、六つ半に始まり多くの場合五つ半（午前九時頃）には終るが、九つ時（午後〇時頃）に及ぶこともあった。立合の寄合の日は、五つ半に家を出て評定所に行く。審理は、規定では五つ時に始まるが、実際はそれより遅く、概ね八つ時（午後二時頃）には終る。

寄合には評定所での寄合のほか役宅で持ち回りで行われる内寄合があり、寺社奉行支配の案件はそこで取り捌かれた。この内寄合は、月に三回、寺社奉行の場合は毎月六日・十八日・二十七日の三日であった。寄合の場は、月番である奉行の屋敷である。内寄合は、四つ半（午前十一時頃）に始まり八つ半（午後三時頃）に終ったが、暮六つ時（午後六時頃）に及ぶこともしばしばあった。

さらに日が定まってはいないが、月に三日から六日の詰番があった。これは、登城し同役のものが交替で勤めるものであった。忠相は、詰番の日は多くは四つ時（午前十時）に登城し、老中が退出したあと帰宅するが、大抵は八つ時ころであった。このほか、寺社奉行に限ったことではないが、毎月朔日・十五日・二十八日は「月並《つきなみ》之御礼」があり必ず登城した。

以上は、支配違いのものや相役の寺社奉行との関係で勤めなければならないが、寺社奉行として訴訟や公事を受け取り、その取り捌き、将軍などの紅葉山東照宮への社参、増上寺・寛永寺への参詣などの取り仕切り、諸寺社の年頭・継ぎ目などの御礼の世話等々、その果たすべき職務は多く、忠相は、定まった日以外も大抵は登城し執務にあたっており、在宅の日は月に二日程度である。平常出勤する時間は四つ時、帰宅する時刻はおよそ八つ時であった。また、在宅時にも寺社や配下のものへの申渡しや諸事伝達などを行うほか、関東地方御用掛の仕事も屋敷に関係者を呼んで指示を与えている。

忠相と長安

忠相は、書院番を二年、徒頭を三年、使番を一年、目付を四年、山田奉行を四年、普請奉行を一年、江戸町奉行を十九年、寺社奉行を十五年と書院番を皮切りに順当に昇進し、最後は家格を越える寺社奉行に昇進した。この間四十一年、忠相は、幕府のいずれかの職に就いていた。なかでも、町奉行時代の十九年は、忠相の壮年期であり、江戸町奉行として斬新な政策を矢継ぎ早に立案、実施に移した。こうした活躍が忠相の江戸町奉行としての名声を築くことになった。間違いなく忠相は有能な幕吏であった。

その活躍の様子を大久保長安との比較でみると、両者ともきわめて有能であり、将軍の信頼もあついものがあり、その点では共通したものがある。しかし、忠相の活躍は、山田奉行の時代には山田奉行として、町奉行の時代には町奉行として、寺社奉行の時代は寺社奉行としてのものであり、その職に応じたものであった。長安の場合には、先に職があるのではなく、その能力に従って果たす役割が定まっていったのとは大きく異なるのである。また、長安が、関東・駿府を中心としながらも石見、京、大和、美濃、伊豆、甲斐、信濃、越後、佐渡と全国各地を股に懸けて動き回っていたのに対し、忠相は、幕吏としての四十九年のあいだに江戸を離れたのは、徒頭の時代の山城宇治行の三か月、山田奉行としての四年間に過ぎず、長安との差異は大きい。こうした差異の多くは、長安の生きた時代が江戸幕府の創草期であり、忠相の生きた時代が幕府の諸機構・諸組織が固まりきった時期であったことに起因する。次章では、長安の時代から幕府機構・組織が固まり、幕藩官僚制と呼びうるものがどのように創り出されていくのかをみていくことにする。

Ⅱ章 「人」から「職」へ

1 出頭人政治の時代

天下人・家康と秀忠

戦時下の軍事組織にあっては、一つの軍団内での職掌は、大将から足軽にいたるまで、法あるいは規則として明確に定められてはいなくとも、経験的には明確なものであり、また命令系統も秩序だてられていた。このような軍事組織は、当然のことながら戦時下という条件のもとで、殊に戦場において、十全に機能するものであり、平時において百姓・町人を支配するための日常的・恒常的な組織・機構としても、武士身分を秩序づけ再生産するための組織としても、きわめて不十分なものであった。

とはいえ、戦時下にあっても、とりわけ百姓・町人などに対する農政をはじめとする行

徳川家康（日光東照宮蔵）

政や裁判などの機能は不可欠のものであった。全国統一戦のもとでは、こうした機能は、軍事的覇権を確立することでカリスマ化した「天下人」、地域的には大名のもとに原則的には集中・掌握され、それを現実の場で担ったのは、「天下人」あるいは大名の信頼と恩寵とにもとづいて取り立てられた特定の個人＝出頭人たちであった。そして出頭人らが担った機能の範囲は、あらかじめ定められたものではなく、その人物の能力に従って広くもなり狭くもなった。

慶長五（一六〇〇）年九月、徳川家康は、関ケ原の戦いに勝利し、天下の覇者となり、慶長八年二月に征夷大将軍となることで、名実ともに「天下人」となった。そして、家康は、慶長十年四月に将軍職を子の秀忠に譲り大御所となった。大御所となった家康は、江戸城本丸を秀忠に渡し、自らはしばらく伏見城にいたあと、駿府城を築き居城とした。以降、家康が元和二（一六一六）年四月に死去するまで、駿府の家康と江戸の秀忠による二元政治が現出し、表向きの徳川家の当主は秀忠であったが、実権は、両者による権限の分担がみられるもののなお家康が掌握する時代が続いた。

家康の死去後の元和三年、秀忠は、大名・旗本に対し領知・知行宛行状を発給し、領知宛行権が秀忠の手にあることを明らかにし、また同年には伊達政宗・上杉景勝ら数万の軍勢を率い上洛した。この秀忠の上洛に合せて全国の大名も上洛した。この上洛によって秀忠は、全領主に対する軍事指揮権を彼が掌握したことを目にみえるかたちで示した。こうして秀忠は、天下人としての地位を確固たるものとしていった。

ところで、「天下人」となった家康や秀忠の政治を支えていたのは、後年の江戸幕府の政治機構として直ぐさま思い浮かべる老中・寺社奉行・町奉行・勘定奉行といったものではなく、「天下人」家康・秀忠自身と彼らの恩寵と信頼とによって取り立てられた出頭人たちであった。その代表的な人物の一人がI章で取り上げた大久保長安である。大久保長安以外にも家康・秀忠のもとで活躍した出頭人は数多くいた。

家康の出頭人としては、初め家康の年寄として、その後は二代将軍秀忠の年寄として幕府政治に深く関与した本多正信、父正信のあとを受けて家康に近侍し権勢をふるった本多正純、所司代となった板倉勝重などが、秀忠の出頭人としては、年寄であった土井利勝・井上正就・永井尚政、所司代となる板倉重宗などがいる。また、勘定奉行の前身ではあるが後の勘定奉行とは比較にならない当時の年寄並の力を持った松平正綱・伊丹康勝、江戸町奉行の島田利正、さらに代官頭伊奈忠治、国奉行・郡代と呼ばれた小堀政一なども、将軍や大御所の信寵によって取り立てられ、それぞれの能力に従って幕府が果たすべき行政・裁判などの諸機能を担った人々であり、彼らもまた出頭人ということができる。さらに、この時期、政治の重要な部分に関与した武士身分以外のものたちがいた。僧侶の以心崇伝・南光坊天海、商人の後藤庄三郎、亀屋栄任などである。彼らもまた天下人たる家康の信寵と彼らの能力とによって、この世界で重要な役割を果たしたのである。

以下、出頭人の何人かについて少し詳しくみておこう。

本多正純

本多正純は、永禄八（一五六五）年、本多正信の嫡男として生れた。天正十一（一五八三）年十九歳のとき、徳川家康の領国甲斐で加々爪政尚とともに知行宛行状に加判したのが、いまのところ正純の活動の初見である。その後、父正信とともに家康に近侍した。慶長五（一六〇〇）年の関ケ原の戦いに際しては、父正信が徳川秀忠に付けられたのに対し、正純は家康の側近くに仕え、東軍の諸将に家康の意向を伝えるなど重要な事柄に与り、奏者のごとき役割を果たした。家康の西上にはそれに従い、戦後の島津氏の処遇をめぐってその交渉に深く関与した。島津氏との交渉途中の慶長六年五月従五位下上野介に叙任されている。

家康は慶長八年二月に征夷大将軍に任じられるが、そのお礼の参内に際して大名・家臣が多く叙任された。これに先立っての叙任執奏にあたり正純は、家康の意向を受け武家伝奏の勧修寺光豊に宛てて四品成《しほんなり》・諸大夫成の交名《きょうみょう》（名簿）を提出している。この役割は、後年には所司代の役割である。また慶長九年五月には、「糸割符奉書」と呼ばれるようになる「黒船」（ヨーロッパ船）持ち渡りの生糸の一括購入を命じた奉書に所司代の板倉勝重とともに加判している。

慶長十年に家康が将軍職を秀忠に譲ってからは、家康の意を受けて発給された年寄連署奉書には常に最上位に加判するなど、家康の筆頭年寄としての地位にあって、家康の意向を諸大名に伝え、諸大名からの用件を家康に取り次いだ。また朝鮮・東南アジア諸国・西欧諸国との間に家康が展開した外交に深く関わり、外国からは最も地位の高い家臣とみなされた。さらに、正純は、渡航朱印状の発給にあたってそれを多く取り次いでいる。このほか、知行の割り渡しや宿駅関係の事柄にも多くはないが関わりを持っている。

慶長十九年、方広寺の鐘銘事件をめぐる大坂方との交渉を取り仕切り、開戦へと持ち込んだのも、正純の「功労」であった。大坂の陣には家康に従い、大坂に行く。家康に遅れて江戸を発った将軍秀忠は、「御とりつめ成され候儀、我等（徳川秀忠）まかり着き候まで御待ち成され下され候様申し上ぐべく候、誠自由成る申し上げ様にて候へとも、此時にて候間、能々しかるべき様申し上ぐべく候」（「和田文書」）と自分が大坂に着くまでは攻撃の開始を待つことを家康に言上するよう正純に執拗に頼んでいる。ここにも家康の最大の出頭人たる正純の姿を垣間みることができよう。

正純の領知がどのように変遷したかはよく分かっていないが、家康が駿府に居を定めたころには下野小山と近江において三万三〇〇〇石を領している。元和二（一六一六）年に家康が死去した後、正純は秀忠の年寄衆の一人となり、その地位は筆頭年寄酒井忠世の次席となる。そして、元和五年下野宇都宮城主となり、下野・近江において十五万五〇〇〇石を領することになった。この大加増は、元和二年に死去した正純の父正信の功と正純が家康に長年仕えた功に報いるためのものであったと同時に、正純の気ままな奉公ぶりを改めさせようと秀忠が意図したものでもあった。にもかかわらず正純は、宇都宮城が自分には不似合いな城だと秀忠に直訴するなどしたため、秀忠はそれを不届きとして元和八年十月、正純を改易に処した。この改易は、新たな天下人とかつての天下人の信寵のもとにあった古い出頭人との軋轢が行き着くところまで行き着いた結果であったといえよう。

所司代板倉勝重

板倉勝重は、天文十四（一五四五）年、三河国額田郡小美村に徳川氏に仕えた板倉好重の次男として生れるが、幼少時に出家し、禅僧となった。しかし永禄四（一五六一）年に父好重が吉良氏との戦いで、天正九（一五八一）年に兄定高が高天神の戦いで相次いで戦死したため、勝重は、家康の命で還俗し家を継ぐことになった。その後、天正十四年に駿府の町奉行となり、ついで天正十八年の家康の関東入部にあたって江戸町奉行となった。

そして、関ケ原の戦いの翌年慶長六（一六〇一）年に所司代となる。家康が勝重を抜擢したのは、勝重が禅僧時代に身に着けた素養に注目してのことであった。豊臣政権の所司代であった前田玄以《げんい》ももとは禅僧であり、こうした素養が公家や寺社を相手としなければならなかった所司代には求められたのである。

板倉勝重
（京都大学総合博物館蔵）

ところで、江戸幕府の職制が固まった十七世紀半ば以降の所司代は、朝廷の支配と交渉、京都を中心とした寺社支配、公家・門跡の監察、京都町奉行・奈良奉行・伏見奉行の統轄を主たる職掌としていた。これに対し、勝重が所司代時代に果たした役割は、十七世紀半ば以降の職掌に加えて、「京廻り土居之内幷西国辺公家上り地」の仕置、洛中洛外の公事訴訟、山城・丹波・近江の国奉行、山城の幕領代官、西国の監察、江戸と上方間の宿駅の整備と維持、駿府にいるときには駿府年寄の一人として、大坂の陣に際しては軍事的機能を担うなど、多種多様であった。このうち「京廻り土居之内幷西国辺公家上り地」の仕置は、寛永六（一六二九）年に五味豊直に、洛中洛外の公事訴訟は寛文八（一六六八）年に新たに成立する京都町奉行に、山城・丹波・近江の国奉行の機能は、山城を残し丹波は五味豊直へ、近江は小堀政一へ、山城の一部の幕領の代官支配は代官へ、宿駅の整備と維持は道中奉行へ、駿府年寄の機能は老中へと担い手が変化し、大坂の陣で果たした軍事的機能は大坂城代へと引き継がれ、西国の監察という役割も不明確となっていった。

小堀政一

茶人として著名な小堀遠州政一は、天正七（一五七九）年小堀正次の嫡男として近江国坂田郡小堀村に生れた。正次は、当初近江の戦国大名浅井氏に仕え、その後羽柴秀長・秀俊、豊臣秀吉に仕えた後、関ケ原の戦いには東軍に属し、戦後備中で一万石を加増され一万四四六〇石を領し、備中国松山城を預かり、幕府の備中支配にあたった。正次は、慶長九年に死去するが、その間、慶長六年には伏見城の作事奉行、慶長八年には近江の検地に携わっている。

政一は、父正次の死後、遺領のうち二〇〇〇石を弟正行に分け与え一万二四六〇石を領し、父同様備中支配を任された。備中支配の内容は、①国絵図・郷帳を管理すること、②

幕府から新たに知行を与えられたものへその地を選定し引き渡すこと、③幕領・私領を問わず備中全域に城や堤普請のための千石夫を割り付けること、④備中国内に幕府の触を伝達することであった。この他、政一は、備中の幕領の代官でもあり、かつ幕府のために当時きわめて重要視された備中の鉄の購入に深く関わっていた。この間、従五位下遠江守に任じられている。

こうした備中での職掌のほか、慶長十一年には院御所の造営奉行を、慶長十三年には駿府城、慶長十七年には名古屋城天守、慶長十八年には禁裏の普請・作事奉行を勤めている。こうした城郭や禁裏の普請・作事への関わりは備前支配の後も頻繁なものがあり、正保四（一六四七）年に死去するまで続いている。

元和三（一六一七）年、姫路城主池田光政の因幡鳥取への転封にともない、姫路城引き渡しに関与した。こうした転封にともなう城引き渡しへの関与は、元和五年の徳川頼宣の紀州、その後の丹波福知山、播磨明石、播磨姫路と一度限りのものではなかった。こうした役割は、後には使番・目付・代官などが果たすようになっていった。

同じ年、池田光政の鳥取転封にともない、鳥取城主池田長幸と因幡若桜《わかさ》城主山崎家治の備中転封がなされ、その所領の割り渡しを政一は行い、預かっていた松山城を引き渡した。この池田・山崎の転封により備中の幕領は大きく減少し、なお少しの幕領が残されたもの

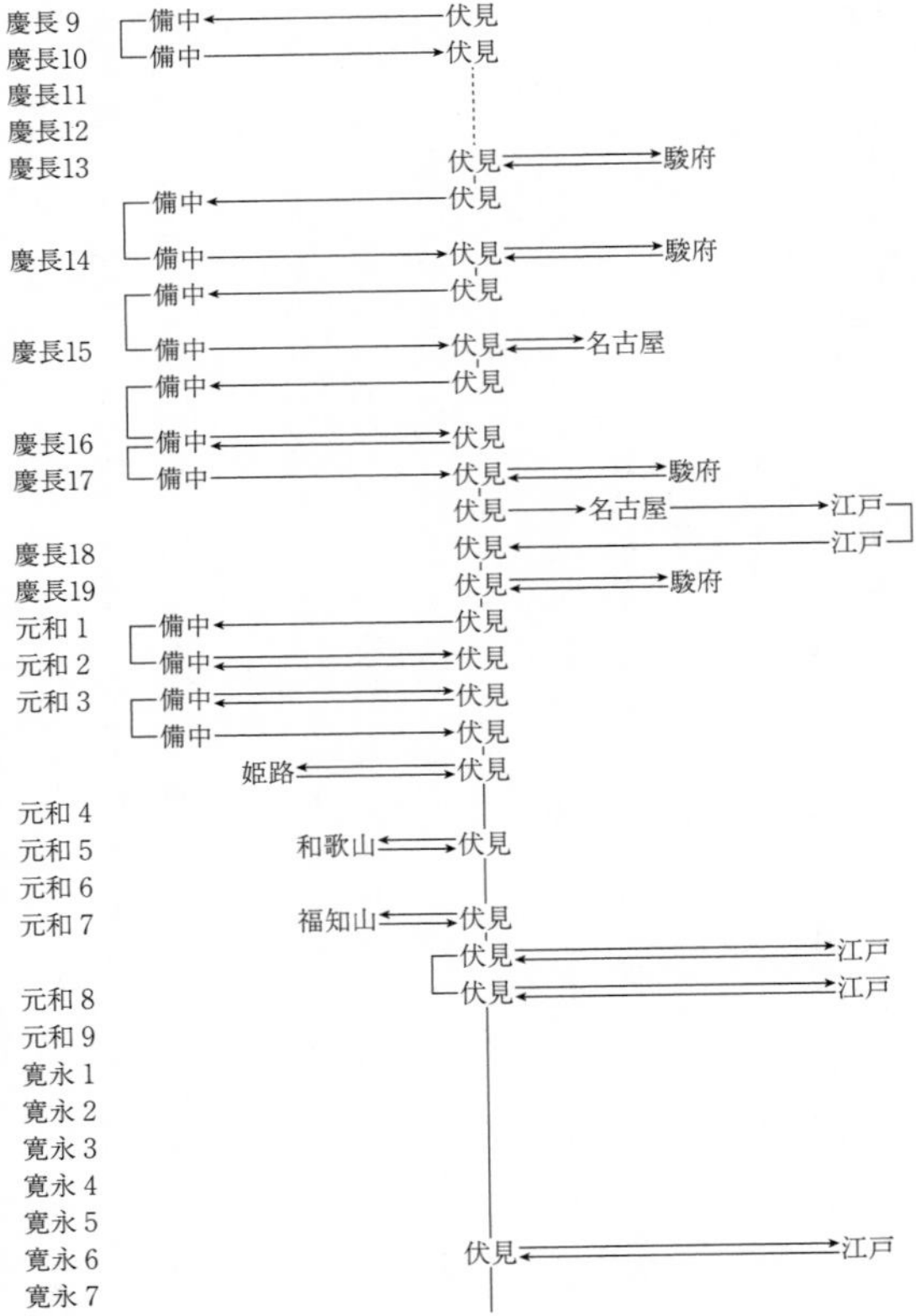
慶長9
慶長10
慶長11
慶長12
慶長13
慶長14
慶長15
慶長16
慶長17
慶長18
慶長19
元和1
元和2
元和3
元和4
元和5
元和6
元和7
元和8
元和9
寛永1
寛永2
寛永3
寛永4
寛永5
寛永6
寛永7
備中
伏見
駿府
名古屋
江戸
姫路
和歌山
福知山

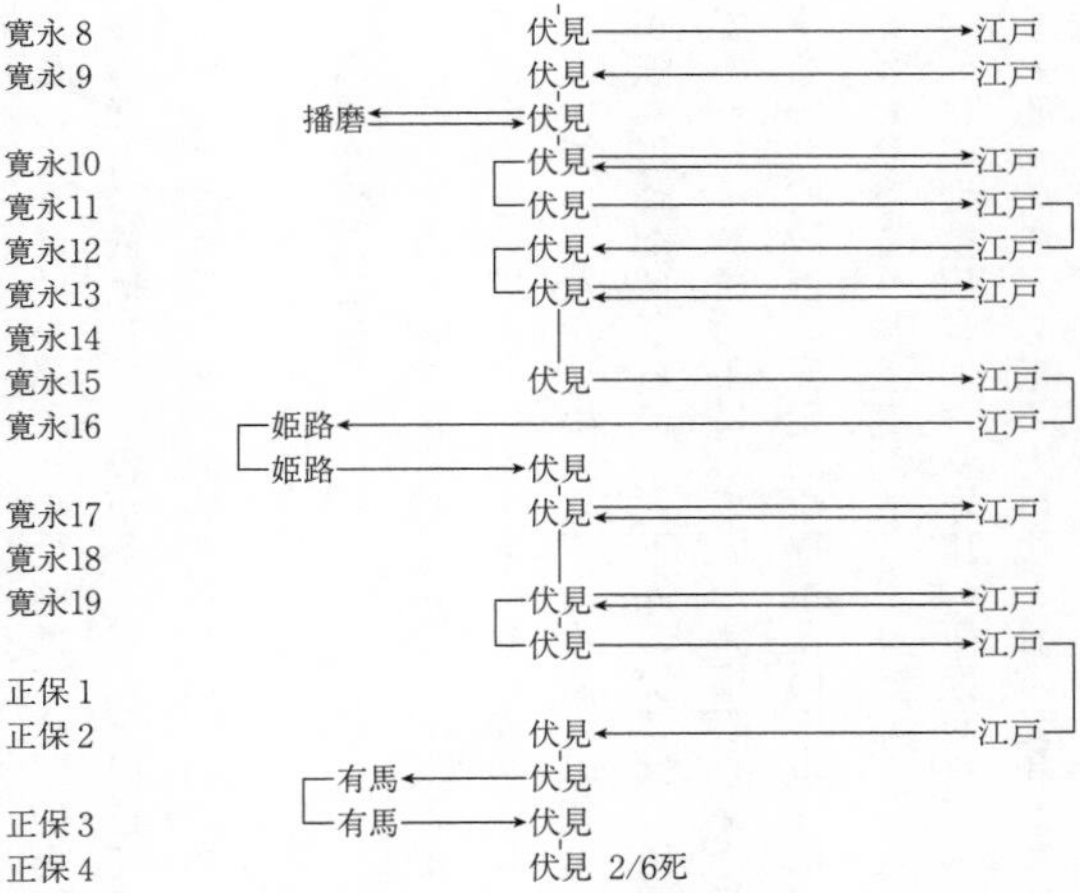

図4　小堀政一の動き

の備中支配はこのときをもって終った。同じ年、政一は、河内国の支配、元和八年には近江国の支配と近江幕領代官を命じられ、備中とほぼ同様の役割を果たしている。元和九年には近江支配を継続しつつ伏見の奉行を命じられた。この間、元和五年に備中の所領を近江に移され、政一は近江国小室《こむろ》に陣屋を構えている。

さらに寛永十一（一六三四）年に上方支配が再編されるが、幕領代官としての役割と伏見町および町付代官所の仕置のほかは、五味豊直とともに勤めることになり、その職掌は、①御料・私領の別なく近江・丹波両国への触れ流し、②近江・丹波両国の女手形への加判、③百姓公事の裁許、④上方御作事の吟味、⑤上方御代官所取付などの管掌であった。

このように、小堀政一の役割は、時期的な変遷をみせつつもきわめて多様であり、また彼の能力に依拠したものが多く、大久保長安ほど激しくはないが、日本各地を動きまわっている。図4は、その概要を示したものである。

出頭人政治の矛盾

こうしたカリスマ性を強く持つ天下人と出頭人による政治は、権力機構としてはきわめて簡素なものであり、天下人の意志がストレートに反映され、ときとしてきわめて効率的なものであったが、出頭人である個人の能力が大きな力を持っただけに、そこには恣意性が強く現れた。さらに、天下人の交替は、出頭人にとって自らの存立基盤が崩壊することであり、それまで手にしていた諸権限を保全しようとする出頭人の抵抗がそこには生じた。すなわち、政権の安定的な継承という点では、カリスマ性を強く持つ将軍と出頭人による政治は大きな欠陥を持った。

先にみた駿府における家康の筆頭年寄であった本多正純が、家康の死後、秀忠の年寄に加わるものの、以前の力は失われ、元和八（一六二二）年には改易に追い込まれたことや、秀忠の出頭人として権勢を振るった土井利勝が、秀忠死後も家光の年寄・老中の一人としてその力を保持するものの、家光との軋轢が絶えなかったことなどは、将軍権力の継承を契機として出頭人政治の矛盾が表面化した事例としてあげられる。また、近世初期の大名家でみられる御家騒動も、多くはこうした背景を持つものであった。

一方、社会の変動期が過ぎ「平和」な時代が続くようになると、支配者内部だけでなく支配される側からも支配の公平さが求められるようになり、出頭人政治の恣意性が批判されるようになり、将軍の交替による政治運営の混乱と停滞を回避する方策が探られるようになっていった。

秀忠大御所時代の幕政運営

元和九（一六二三）年七月二十七日、秀忠は、世継ぎである家光に将軍職を譲った。これ以降、秀忠の死去する寛永九（一六三二）年一月二十四日までが、いわゆる秀忠の大御所時代である。大御所となった秀忠の去った本丸には将軍となった家光が入り、形のうえでは家光が徳川家の当主となった。しかし、寛永二年、三年に領知朱印状が秀忠の名で譜代大名・旗本を中心に出されたこと。主従制の基本が領知の宛行にあることからすれば、この事実は、権力の根幹がなお秀忠によって掌握されていたことを示している。

こうした前提にありながら秀忠大御所時代の幕府政治は、形式的には江戸城西丸の秀忠と本丸の家光による二元政治の形をとり、かつ家康の大御所時代には多少の調整はあったものの両政権から独自の意志が示されたのとは異なり、幕府の意志を両者の矛盾をたくみに回避しつつ一つのものとして示した。

この様子を、大御所秀忠、将軍家光の側にあった年寄衆が、大御所・将軍の意を大名などに伝えるときに用いた奉書についてみることにしよう。**表7**は、寛永五年後半における本丸・西丸年寄の構成を示したものである。次にあげる一つめの奉書が秀忠に関するもの、二つめのものは家光に関するものである。

猶以、松平薩摩守殿（島津家久）・松平宮内少殿（池田忠雄）・森美作守殿（忠政）・松平長門守殿（毛利秀就）・松平越前守殿（伊達忠宗）仰せ談ぜらるべく候、以上、

明後廿一日之朝、西丸において御茶給うべきの旨、仰せ出され候、其御心得候て御登城尤に候、恐々謹言、

（寛永八年）正月十九日

森川出羽守
重俊（花押）
青山大蔵少輔
幸成（花押）

永井信濃守
尚政（花押）
土井大炊頭
利勝（花押）
細川越中守（忠利）殿
人々御中
（「細川家文書」）

猶以、松平薩摩（島津家久）殿・松平宮内少（池田忠雄）殿・森美作（忠政）殿・松平長門（毛利秀就）殿・松平越前（伊達忠宗）殿仰せ談ぜられ候、
以上、
明三日之朝、御本丸において御茶給べきの旨仰せ出され候、其御心得ニて御登城尤に
候、恐々謹言、
（寛永八年）二月二日
稲葉丹後守
正勝（花押）
内藤伊賀守
忠重（花押）
酒井讃岐守

表7　本丸・西丸年寄（寛永5年）

	年寄名	年齢	領知高	城　地	官　位
本丸年寄	酒井忠世	57	122500石	上野厩橋	従四位下侍従
	酒井忠勝	42	80000	武蔵川越	従五位下諸大夫
	内藤忠重	43	20000	—	〃
	稲葉正勝	32	20000	—	〃
西丸年寄	土井利勝	56	142000	下総佐野	従四位下侍従
	永井尚政	40	89100	下総古河	従五位下諸大夫
	青山幸成	41	16000	—	〃
	森川重俊	43	10000	—	〃

忠勝（花押）
酒井雅楽頭
忠世（花押）
細川越中（忠利）守殿
（「細川家文書」）

二つの奉書とも当時豊前小倉藩主であった細川忠利に宛てられたものであり、ともに寛永八年のものである。

前者の奉書は、寛永八年一月十九日、大御所秀忠の年寄衆である土井利勝・永井尚政・青山幸成・森川重俊の四人が、秀忠の意を受けて、細川忠利に対し同月二十一日の秀忠主催の江戸城西丸での茶会に薩摩藩主島津家久、岡山藩主池田忠雄、津山藩主森忠政、萩藩主毛利秀就、宇和島藩主伊達忠宗とともに出るよう伝えたものである。

後者の奉書は、同年二月二日、将軍家光の年寄衆である酒井忠世・酒井忠勝・内藤忠重・稲葉正勝の四人が、家光の意を受けて、細川忠利に対し翌三日に家光主催の本丸での茶会に秀忠主催の茶会と同じ島津家久・池田忠雄・森忠政・毛利秀就・伊達忠宗とともに出るよう伝えたものである。

このように、大御所秀忠の意志は秀忠付の西丸年寄衆によって、将軍家光の意志は家光付の本丸年寄衆によって伝えられており、両者は別個の組織をかたちづくっていた。

本丸西丸年寄連署奉書

では、幕府全体としての意志はどのように表現されたのであろうか。秀忠が実権を掌握していたのであるから、秀忠付年寄衆によってその意志が伝えられたのであろうか。

この問題を、阿波徳島藩蜂須賀氏が寛永七（一六三〇）年に所領内の淡路須本城普請の許可を幕府に求めた一件から明らかにしよう。まず、蜂須賀氏は、同年二月本丸年寄の酒井忠世・酒井忠勝、西丸年寄土井利勝の三人に淡路由良城の修復の願書を出すとともに、須本への城移転の内意を伺うため使者を江戸に派遣する。この修復願いは、大御所秀忠には土井利勝が、将軍家光には酒井忠世が披露し、五月八日に江戸城西丸において酒井忠世と土井利勝の二人から蜂須賀氏の家臣に由良城の修復許可とともに、須本への移転許可の内意が示された。この内意は、本丸筆頭年寄酒井忠世と西丸筆頭年寄土井利勝の「相談」と、それぞれの年寄から大御所・将軍への上申と了解を経て示されたものであった。

この内意を受けた蜂須賀氏は、須本への移転を改めて幕府に願い出、その正式の許可が次にあげる本丸西丸年寄連署奉書として出された。

以上、

淡州須本普請之儀、心のまま申し付けらるべきの旨御意候、その御心得あるべく候、恐々謹言、

寛永七午

七月九日

永井信濃守

尚政（花押）

酒井讃岐守

忠勝（花押）

土井大炊頭

利勝（花押）

酒井雅楽頭

忠世（花押）

松平阿波守殿（蜂須賀忠英）

（「蜂須賀家文書」）

淡路須本城普請を許可した本丸西丸年寄連署奉書（国文学研究資料館蔵）

この奉書は、幕府が蜂須賀忠英に淡路須本城の普請を正式に認めたものである。この奉書の加判者は、**表7**に示したように、大御所秀忠、将軍家光のいずれか一方の年寄衆で占められてはいない。酒井忠世と酒井忠勝は将軍家光付本丸年寄であり、土井利勝・永井尚政は大御所秀忠付の西丸年寄である。すなわち、大名への城郭の普請許可という幕府の意志は、本丸・西丸年寄の連署の形で両者が一体のものとして示され、このことを通じて本丸の将軍と西丸の大御所とに分かれた二元的な政治が生み出す二つの権力のあいだに生じる矛盾は包み込まれ解消させられた。

同時に注目すべきは、年寄のあいだには権限のうえで大きな差があった点である。蜂須賀氏の須本城の普請許可願を審議し将軍・大御所に上申したのは本丸筆頭年寄の酒井忠世と西丸筆頭年寄の土井利勝の二人であり、他の年寄は加わっていない。さらに、須本城普請の許可を伝えた幕府の年寄連署奉書には酒井忠世・土井利勝のほかに次席ともいうべき本丸

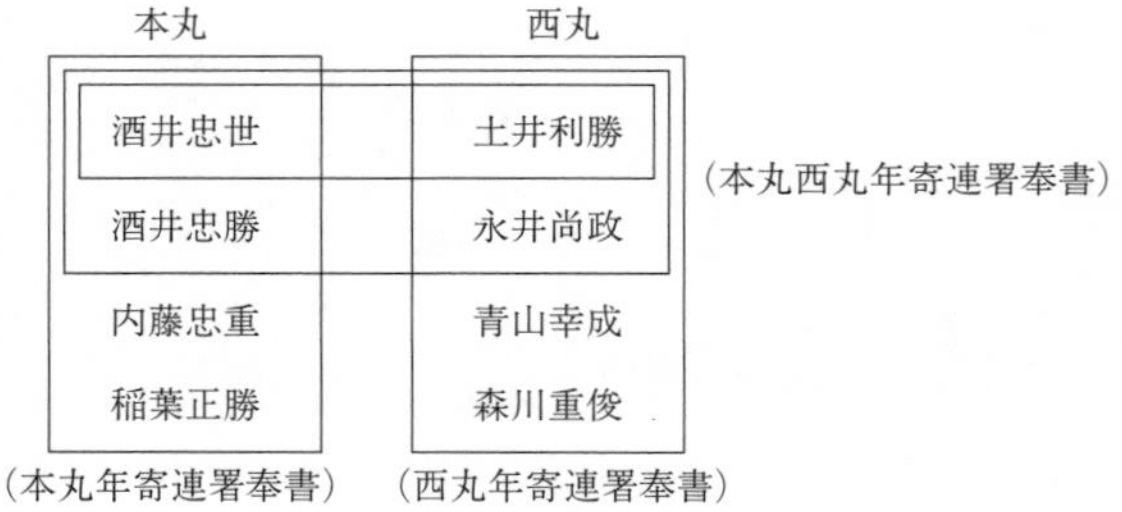

図5　本丸・西丸年寄の階層・権限の概念図

年寄の酒井忠勝と西丸年寄の永井尚政が連署に加わった。しかし、本丸年寄のうち内藤忠重・稲葉正勝、西丸年寄のうち青山幸成・森川重俊の四人は、こうした重要な事項について幕府意志を大名に伝える場では権限を持っていない。

　年寄内部の差異は、こうした権限の差だけでなく、**表7**に示したようにその領知高の大小にも明確に現れている。すなわちこの期の年寄は、同じ年寄の名で呼ばれていても、その権限・領知高からみて重層的・階層的な構成を持っており、のちの老中にみられる均質性はみられず、この期の年寄は、大御所や将軍に身近に仕えるものとして一括りすることはできても、定まった権限あるいは職務を持った一つの「職」とみることはできない。**図5**は、こうした幕閣の様相を示した概念図である。

2　代替りの軋轢

西丸年寄制の解体

江戸幕府における「職」は、寛永九（一六三二）年一月に大御所秀忠が死去して後、家光によって形あるものとなっていく。しかし、家光は、その当初から明確な意志を持って、幕府機構・組織を運用するための「職」を作り上げようとしたわけではなかった。

当初、家光は、家康や秀忠同様、「天下人」としての地位を確固としたものとし、それを支える信頼できる家臣を自らの周りに集め、有能な出頭人を作り上げることをめざしていた。こうした動きは、秀忠の死去の直後から始まる。

秀忠の死後、当然のことながら秀忠を核とした西丸年寄制は解体するが、その解体は、西丸年寄の解任・排除というかたちではなく、西丸年寄の本丸年寄への吸収というかたちでまずなされた。これにやや先行する動きが、秀忠の死の直前にみられる。秀忠に関する出来事を年代順に編纂した『東武実録』の寛永九年一月十日の条には、

公（徳川秀忠）土井大炊頭利勝ヲ召シテ、是ヨリ後、将軍（徳川家光）家ニ奉仕スヘキノ由、台命ニ依テ、利勝

御本丸に登テ、将軍家ニ謁ス、時ニ利勝献物アリ、

とある。一月十日は、秀忠の死去する二週間前である。すなわち死を目前にした秀忠は、自らの筆頭年寄である土井利勝に対し将軍家光に仕えるよう命じたのである。これは、家光の意志というよりは、死去後の混乱を避けるために秀忠が取った手立てといえよう。

秀忠の死去した直後、諸大名は幕府に将軍家光への忠誠を誓う起請文を提出するが、このときの宛て先は、酒井忠世・土井利勝・酒井忠勝の三人の年寄であり、この三人が年寄衆のなかにあって際立った存在であったことが知られる。しかし、細川忠興が国元の細川忠利に「今は、かりそめの進物程の事も、雅楽殿（酒井忠世）・大炊殿（土井利勝）・讃岐殿（酒井忠勝）と揃い候ハてハ、御披露も成らざる躰ニ候ニ付、此前より諸大名も仕にくからる丶躰と聞え申し候事」（寛永九年三月二十七日付細川忠興書状『細川家史料』）と報じたように、三者三竦《さんすく》みの状況にあった。

こうした状況のもと、本丸年寄制と西丸年寄制は合体する。次に上げるのは日光東照宮で家康の十七周神忌祭が催されるにあたって出された日光社参の下知状である。

条々

一脇道町際行く事、

一御殿に火事の時ハ、書付のごとく御前衆御目付衆の外参るべからざる事、過料

（二十四か条略）

一御目付・番頭・諸奉行人等御法度の旨、見のかし、聞きのかし、用捨せしむるにおいて者、曲事たるべし、

右此旨を相守らるべき者也、仍て執達件のごとし、

寛永九年申三月十六日

大蔵少輔（青山幸成）
丹後守（稲葉正勝）
伊賀守（内藤忠量）
信濃守（永井尚政）
讃岐守（酒井忠勝）
大炊頭（土井利勝）
雅楽頭（酒井忠世）

（「御制法」）

ここには、秀忠の死に殉じた西丸年寄の森川重俊を除く、秀忠大御所時代の本丸・西丸

徳川家光（奈良 長谷寺蔵）

年寄のすべてが名を列ねており、秀忠の死去直後に、本丸・西丸年寄制が合体したことを具体的に示している。その後の年寄連署奉書には、秀忠大御所時代の本丸西丸年寄連署奉書には加判しなかった内藤忠重・稲葉正勝・青山幸成も他の有力年寄と区別されることなく加判するようになり、これ以降、幕府の意志は多くこの七人の年寄衆の連署する奉書をもって示されるようになる。

こうした本丸年寄制と西丸年寄制の合体は、本丸年寄と西丸年寄との軋轢によって生じる幕政の停滞や混乱を回避するためにとられたものであり、またそこには秀忠の葬儀や廟の造営など秀忠に関わる諸事を秀忠付であった年寄によって円滑に処理させようとする家光の意図があった。それゆえにこの体制は、一時的なものでしかなかった。

旧年寄衆の排除

土井利勝は、先にも触れたように秀忠から家光の家臣となるよう命じられたが、大名たちは、秀忠亡きあと土井利勝が従来どおり家光のもとで年寄として仕えていくことができるのかどうかを疑心暗鬼でながめていた。

寛永九（一六三二）年四月、土佐藩主山内忠義が書状と音物を利勝に届けさせたところ、書状のみを受け取り、音物は受け取ろうとせず、利勝はこれまでとは異なり慎重な対応をみせた。この対応は、秀忠のもとで権勢を振るっていた西丸筆頭年寄の地位が秀忠を失ったことで不安定になったことに対する防衛的なものであったと考えられる。

同じころに起こったのが加藤光広の謀書一件である。光広の謀書の内容は、家光が日光社参の途中に土井利勝を誅伐しようとしているのに対し、利勝が先手を打って家光を亡きものにしようとしているというものであったようだ。この一件は、利勝の謀反として取り上げられることなく、謀書を作成した加藤光広の親であり肥後熊本五十五万石の外様大大名加藤忠広の改易に帰結した。この一件は、代替り直後における将軍家光の権力を誇示するために幕府によって仕組まれた気配さえみえるが、この一件を江戸で耳にした細川忠興は、同年五月十五日付書状（『細川家史料』）で、

一右の分ニ候へ共、誰も大炊殿（土井利勝）の手前へも懸り申すべきと申し候、去りながら上様（徳川家光）ハむさと仕りたる儀と思し召さるべきかと存じ候、大炊殿出頭同前ニ候、され共是ハ態となさるゝ儀もこれあるべき哉の事、

と述べている。「右之分」は光広の謀書の内容が虚空なるものであるとする前段を受けたものである。それにもかかわらず、誰もが土井利勝にも類が及ぶと予測していた。細川忠興は、家光がこれらをいいかげんなことと思っているようで、土井利勝の出頭には変わりはないとする。しかし、他方ではこの家光の態度は「態となさるゝ儀」ではないかとの疑念を示している。すなわち、家光の考えはともかく、諸大名は、土井利勝が年寄の地位を奪われるのではと予測していたことは確かである。その後、利勝は年寄として地位を確保する。そして、寛永十年四月、利勝は永井尚政の山城淀転封の跡を受けて下総古河十六万石に転封となる。二万石の加増であったが、「大炊殿（土井利勝）永信州（永井尚政）跡へ御替り、二万石の御加増、都合十六万石拝領の由、物成違い申し候間、三分一身上へり申す心と存じ候」（寛永九年四月二十五日付細川忠興書状『細川家史料』）といわれたように、実質的には減封であった。こうした動きのなかに家光が土井利勝を排除しないまでも、その力を削減しようとした動きの一端をみることはできよう。

寛永九年五月、家光は、まず酒井忠世に西丸留守居を命じることで旧年寄層の排除を開始する。忠世は、五月初めに家光から西丸留守居を命じられるが、このことを聞いた大名たちは、忠世が年寄の列を離れるものと推測した。この大名たちの推測は、家光の意図するところであったが、忠世は、西丸留守居就任をいったんは断り、ようやく「西之丸の儀当座御番同前ニ御預り」（寛永九年七月十二日付土佐藩家臣柴田覚右衛門書状「土佐山内家文書」）という形でそれを請け、さらにその後も筆頭年寄として政務にあたった。結果的には、忠世を年寄衆から外そうとした家光の意図は容易には貫徹せず、家光は妥協ないし撤退を余儀なくされた。

ところが、忠世の排除は思わぬかたちで実現する。寛永九年七月、秀忠の忌日である二十四日に秀忠を葬る増上寺へ参詣した忠世は、そこで病に倒れる。病は、「中風」であった。病状は、翌八月の終りには「雅楽頭様（酒井忠世）御煩いよいよ御快気ならさせられ候」（寛永九年八月二十三日付柴田覚右衛門書状「土佐山内家文書」）と伝えられたように、それほど重くはなかった。しかし、寛永九年十月十日付で山内忠義が「雅楽頭殿（酒井忠世）ニ御目に懸り候、御煩方きと御本復成され、御口中も例よりもとうり候、御前へも出仕ありたきの由仰せられ候へとも、いよいよ養生仕るべきの由上意にて御登城なく候」（「土佐山内家文書」）と国元に報じたように、回復した忠世が出仕を願ったにもかかわらず、家光は忠世に養生を命じ、翌年七月まで政務から遠ざけることに成功した。

忠世の出仕が止められていたあいだに、三人の年寄がその地位を離れた。秀忠の一周忌が終った直後の寛永十年二月三日、西丸年寄であった青山幸成が一万石を加増され遠江掛川二万六〇〇〇石の城主となった。三月十六日には本丸年寄であった内藤忠重が一万五〇〇〇石を加増され志摩鳥羽三万石の城主となり、同月二十五日には西丸年寄であった永井尚政が一万石余を加増され山城淀十万石の城主となった。青山・内藤・永井の三人は、この加増・転封を機に年寄の列から外された。その結果、残る年寄は、土井利勝・酒井忠勝・稲葉正勝と養生を名目に出仕を止められていた酒井忠世を含めて四人となり、秀忠の死去直後に合体した年寄制は大きく変化した。

稲葉正勝の取り立て

家光は、旧年寄衆を排除する一方、子飼いの家臣の取り立てを推し進めた。その最初の動きが、稲葉正勝の取り立てである。正勝は、将軍家光の乳母となった春日局の子として慶長二（一五九七）年に生れ、慶長九年八歳のとき生れたばかりの家光の小姓となった。元和九（一六二三）年家光が将軍となると家光付年寄の一人となり、五〇〇〇石を領した。その後相次いで加増を受け、寛永元（一六二四）年には一万石、翌二年には二万石となり、同五年には父正成の遺領を継ぎ四万石を領することになった。しかし、本丸付年寄のなかでは家光の子飼いの家臣としては唯一人であり、酒井忠世・酒井忠勝の二人の年寄とは権限においても領知高においても大きな格差があった。また内藤忠重とはほぼ同等の地位にあったが、序列のうえでは本丸年寄の末席であった。

本丸年寄制と西丸年寄制との合体後の正勝の位置は、青山幸成の上位、内藤忠重の下位にあった。ところが五月、その地位が引き上げられ、内藤忠重の上席となった。小倉藩主の細川忠利は旗本榊原職直に宛てた書状のなかで「丹後殿（稲葉正勝）出頭花がふり申し候」（「御案文」）と、正勝の地位上昇を書き記している。

この地位引き上げに続いて家光は、正勝を、五十五万石の大名加藤忠広の改易にあたって肥後熊本へ上使として派遣した。これは、幕府年寄の九州への最初の派遣であり、寛永十四（一六三七）年の島原の乱に際しての松平信綱の派遣に先立つものである。家光の正勝九州派遣の意図を直接知ることはできないが、細川忠興が子の忠利に宛てた書状（『細川家史料』）のなかで、

稲丹後殿（稲葉正勝）など遣わされ候事、何も存じ寄らざる儀と申し候、定て九州の様子、皆々有付き候躰なと見せなさるへきためたるへきと推量申し候、又ハ丹後殿其元申し付られ御帰候者、身上御取立なさるべきわけかとも推量候事、

と報じたように、病気勝ちな正勝の九州派遣をいぶかりつつも、家光の正勝派遣の意図は、正勝に九州の様子を実見させ、帰参後に「御取立」を期してのものと推量している。恐ら

くこの推定は、正勝の帰参後における細川氏の肥後転封への関わり、さらに十一月の正勝相模小田原城八万五〇〇〇石加封という事実からすれば的を射たものであろう。この小田原転封の結果、正勝の地位は、領知高の面で酒井忠世・土井利勝・酒井忠勝に劣らぬものとなり、家光子飼い家臣の年寄衆への取り立てのための橋頭堡となった。しかし、正勝の体調は、こうした家光の期待に十分応えることはできなかった。

この時期、稲葉正勝ほどではないが、家光による引き立てがみられる年寄がいる。酒井忠勝である。家光は、秀忠死去直後には八万石を領した忠勝に寛永九年九月に二万石を加増し、同年十二月には酒井忠世・土井利勝と同じ従四位下侍従に叙任した。

忠勝は、将軍襲職以前の家光付年寄であった酒井忠利の子で、酒井忠世の甥にあたった。その意味で忠勝は譜代門閥の出身である。家光が元服した元和六年に家光に付けられ、家光の将軍襲職にともない家光付年寄の一人となり、酒井忠世に次ぐ地位を占めた。こうした経歴は、秀忠付筆頭年寄であり家光の将軍襲職に際して家光付となった忠世とも、秀忠の死を前に家光に仕えた土井利勝とも異なり、旧年寄層のなかでは最も家光に近侍した家臣である。しかし、小姓として次いで小姓組番頭として仕えてきた稲葉正勝やこの後老中となる松平信綱・阿部忠秋・堀田正盛らの家光子飼いの家臣とも異なる存在であった。こうした忠勝の微妙な地位が、この時期の加増と従四位下侍従叙任をもたらしたものと思われる。

惣目付の監察

寛永九（一六三二）年十二月十七日、家光は、水野守信・柳生宗矩・秋山正重・井上政重の四人を「惣目付」に任じた。「惣目付」とは後の大目付のことである。そして翌十八日、「惣目付」の勤方が申渡された。

条々

一諸大名・御旗本へ万事仰せ出さる御法度の趣相背く輩これあるにおいては承届け申し上ぐべき事、

一対　公儀、諸人不覚悟者これあらば承届け申し上ぐべき事、
付《つけたり》、諸事御奉公たての儀幷不作法成もの、承届け申し上ぐべき事、

一年寄中其外御用人幷諸役人・代官以下ニ至る迄、御奉公たて仕る者、又御うしろくらき者これあるにおいては、承届け申し上ぐべき事、

一御軍役嗜之わけ承届け申し上ぐべき事、

一諸奉公人大小にかきらす身上成らざる者の様子承届け申し上ぐべき事、

一民つまり草臥候儀なと承届け申し上ぐべき事、

一何事によらず諸人迷惑仕る儀これあるにおいては、承届け申し上ぐべき事、

寛永九年申十二月十八日

秋山修理（正重）
水野河内（守信）
柳生但馬（宗矩）
井上筑後（政重）

（「教令類纂」）

すなわち、家光は、水野守信ら四人の「惣目付」に、法度に背く諸大名・旗本、公儀への奉公の悪いもの、年寄以下の諸役人の奉公だてと後ろ暗いもの、軍役の嗜みの様子、奉公するものの身上の様子、民衆の草臥《くたび》れの様子、諸人の迷惑などについて監察を求めたのである。

「惣目付」による監察は、寛永十年十一月八日付の細川忠興書状に「いにしえより様々こまかなる儀もお耳に立ち、又もれ候事もこれある由、左様ニこれあるべく候、それにつき、大横目ニおちおそれ候由、是又左様ニこれあるべくと存じ候事」（『細川家史料』）とあ

るように、厳しいものがあったようである。この監察で摘発された大事件が、次に述べる勘定頭の松平正綱・伊丹康勝の一件である。

松平正綱・伊丹康勝の勘当

寛永十（一六三三）年九月、家光は、二人の勘定頭松平正綱と伊丹康勝を突然「勘当」し御前への出仕を止めた。理由は、直接には旗本松平真次の知行三〇〇〇石を新しく知行を得たものに割り付けたことにあった。しかし、勘当の背景はなお根深いものがあった。

ところで、松平正綱は、駿府の家康のもとで勘定に携わり、家康死後は秀忠に仕え、伊丹康勝とともに幕府の財政を預かり、さらにさまざまな仕置に関わり、この時点では知行高二万二〇〇〇石を領していた。一方、伊丹康勝は、秀忠のもとで松平正綱とともに幕府の財政を預かり、さまざまな仕置に関わり、また寛永十年二月には三〇〇〇石を加増され一万三〇〇〇石を領し、甲州仕置をも命じられていた。両者とも、初期の勘定頭であり、当時の幕閣にあって年寄とならぶ実力の持ち主であった。

当初この勘当は、当座のものであると周りではみていた。ところが十月になっても勘当は解けず、同年十一月九日付の書状で細川忠利が国元にいた父忠興に「其後も色々六借《むつかしき》事、横目衆申され候由申し候間、何共斗りがたく存ず儀ニ御座候」（『細川家史料』）と報じたように、その背景には「横目」＝「惣目付」からの上申があった。

伊丹康勝については、当初の知行割付の誤りだけでなく、禁止されている「自分之商」ではないものの、方々の金山・代官所において親類のものや目を掛けているものを使っての商いや金貸しなど、古くからの康勝の行為が問題とされていることが明らかとなった。また、松平正綱は土佐藩主山内忠義に対し、伊丹康勝とともに「御追込」まれていることを理由に、貸し付けた数千両の早急な返済を求めている。こうした勘定頭の大名への貸金問題も、その背景にあった。

すなわち、両者の勘当の理由は、一時的・個別的なものではなく積年のものであり、また構造化したものであった。家光の松平正綱と伊丹康勝の勘当は、まさにこの構造に向けられたもので、それに掣肘《せいちゅう》を加えようとしたのが、ことの真相ではないだろうか。

両者の勘当が許されたのは、勘当から九か月が過ぎた寛永十一年五月二十九日のことであった。この日の「江戸幕府日記」には、

一大僧正（天海）御座間において御目見、松平右衛門大夫（正綱）・伊丹播磨守（康勝）勘当の事愁申さるニヨツテ御赦免也、

とある。では、家光の赦免によって彼らの地位は旧に復したのであろうか。幕府の城米取り扱いの担当者は、この一件を挟んで、松平正綱・伊丹康勝から伊奈忠治・大河内久綱・曽根吉次に代わっている。また年寄衆が集まる寄合の持たれた屋敷を寛永九年から寛永十二年までみてみると、**表8**に示したように勘当一件の起こる前までは松平正綱と伊丹康勝の屋敷では他の年寄衆に劣らない回数で寄合が持たれている。しかし、この一件後は、松平正綱の屋敷での寄合は寛永十二年に二度あるだけで、伊丹康勝の屋敷では一度も持たれておらず、この一件に前後して松平正綱・伊丹康勝の幕府内での地位が大きく低下したことがうかがえる。

　すなわち、家光は、この一件を通して、家

表8　寄合屋敷とその回数

屋　敷	寛永9	寛永10	寛永11	寛永12
井伊直孝				1
酒井忠世	5	2	1	
土井利勝	4	7		9
酒井忠勝	4	8		11
永井尚政	2	1		
内藤忠重		1		
松平信綱		1	2	6
阿部忠秋		3		2
酒井忠行		6	2	
松平正綱	3	8		2
伊丹康勝		6		
阿部重次		4		
三浦正次		3		
太田資宗		1	1	
板倉重宗			1	
伝奏屋敷				4
計	18	51	7	35

注.「江戸幕府日記」により作成。
寛永9年は1月から6月、寛永11年は8月から12月まで

康・秀忠以来の勢力に掣肘を加えようとしたのであり、その意味では、旧年寄層を排除しようとした意図と同様のものといえる。ただ、注意すべき点は、家光が両人を幕政からまったく排除しきれなかったことである。

「六人衆」の成立

家光は、稲葉正勝に小田原城を与える四日前の寛永九（一六三二）年十一月十八日、松平信綱を「宿老衆並」とした。その日の「江戸幕府日記」には次のようにある。

一松平伊豆守《（信綱）》宿老衆並ニ御奉公仕るべき旨これを仰せ付けらる、

信綱は、慶長九年、家光の誕生にともない稲葉正勝とともにその小姓として仕え、寛永九年当時は小姓組番頭の地位にあった。「宿老衆並」とあるように、信綱の幕閣での地位は、年寄衆とは同等ではなく、あくまで「並」であったが、明らかにそれは近い将来における信綱の年寄取り立てを狙ってのものであった。そして翌年四月ころから年寄衆とともに奉書に加判するようになる。

ついで、翌寛永十年三月二十三日、家光は、松平信綱・阿部忠秋・堀田正盛・三浦正次・太田資宗・阿部重次の子飼い家臣六人をもって「少々之御用」を支配する「六人衆」を成立させる。

「江戸幕府日記」の同日の条には、

一午下刻松平伊豆守《（信綱）》・阿部豊後守《（忠秋）》・堀田加賀守《（正盛）》・三浦志摩守《（正次）》・太田備中守《（資宗）》・阿部対馬《（重次）》守御前へ召し出され、少々御用の儀者、六人の衆相談せしめ申すべきの旨仰せ出さる云々、

とある。しかし、この段階では、「六人衆」の役割がいかなるものかは明らかではない。これに続いて、家光は、寛永十年四月十九日に、「六人衆」に稲葉正勝を加えた七人に具体的な役割を命じた。その日の「江戸幕府日記」には、

一猿楽舞々、稲葉丹後守《（正勝）》・太田備中守《（資宗）》万事の儀申し付くべき旨仰せ出さる云々、
一御好寄屋方職人、松平伊豆守《（信綱）》・堀田加賀守《（正盛）》
一御腰物方職人、阿部豊後守《（忠秋）》・三浦志摩守《（正次）》
右の職人方の儀肝煎申すべき旨、去十六日仰せ出さるといえども、今日酒井雅楽頭《（忠世）》

本屋敷において上意の通讃岐守《酒井忠勝》申し渡さる、
一御持筒御持弓の儀申付くの旨、阿部対馬守《重次》・太田備中守《資宗》へ仰せ付らる云々、

とある。すなわち、稲葉正勝は猿楽舞々、太田資宗は猿楽舞々と持筒持弓、松平信綱と堀田正盛は数寄屋方職人、阿部忠秋と三浦正次は腰物方職人、阿部重次は持筒持弓の支配を担当することになった。これらの支配は、これまで年寄衆によって握られていたものであったが、これによりわずかではあるが年寄衆の持った機能が「六人衆」の手に移ったのである。

同年五月五日、家光は、松平信綱に一万五〇〇〇石を加増し武蔵忍三万石を与えた。その同じ日、「六人衆」のうち阿部忠秋と堀田正盛を「松平伊豆守（信綱）並」（「江戸幕府日記」）とした。しかしこの「松平伊豆守並」も「御年寄衆ニてハ無之由」（寛永十年五月十一日付細川忠利書状「部分御旧記」）といわれたように、年寄そのものへの就任ではなかった。すなわち、この段階での幕閣の構成は、**表9**・**図6**に示したように、酒井忠世・土井利勝・酒井忠勝・稲葉正勝の四人の年寄、それに準じる松平信綱、さらに松平信綱に準じる阿部忠秋・堀田正盛、そして松平・阿部・堀田を含む「六人衆」という構成をとっていた。

表 9　寛永10年中頃の年寄

年寄名	年齢	領知高	城　地	官　位
酒井忠世	62	122500石	上野厩橋	従四位下侍従
土井利勝	61	160000	下総古河	〃
酒井忠勝	47	100000	武蔵川越	〃
稲葉正勝	37	85000	相模小田原	従五位下諸大夫
松平信綱	38	30000	武蔵忍	〃
阿部忠秋	32	15000	—	〃
堀田正盛	26	10000	—	〃

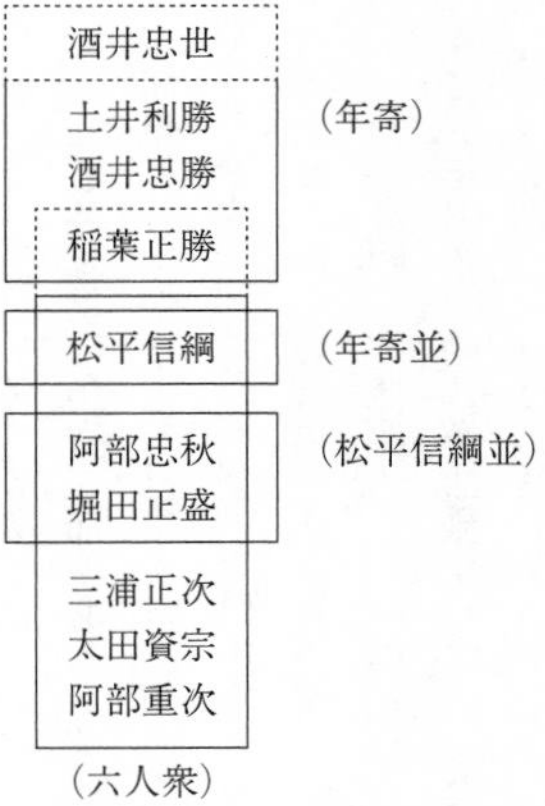

図 6　寛永10年中頃の幕閣構成

こうした子飼い家臣の取り立てと幕閣への起用という家光の一連の動きは、新たな出頭人の創出を意図したものであり、その限りでは、家光もまた出頭人による幕政運営を目論んでいたことになる。

年寄の再編を意図する家光のこうした動きは、寛永九年から寛永十年にかけての家光の活発な幕政運営に支えられていたが、寛永十年末にいくつかの要因で頓挫することになる。その第一が、同年九月に遠ざけられていた酒井忠世の年寄復帰である。第一の要因は決定的なものではない。二つめの要因は、同年九月末から十二月にかけての家光自身の病気であり、「もし御大事も御座候ハゝ、御譲の儀まで仰せらる様御座候由承り及び候、上下気を詰申し候事御推量なさるべし、一日二三度宛登城何も仕られ候事」(寛永十年十月二十二日付細川忠利披露状『細川家史料』)と、「御譲」が取沙汰されるほど重大なものであった。この家光の病状に応じるかのように旧年寄衆の動きが活発化していった。三つめの要因は、寛永十一年正月に家光が最も信頼し期待していた稲葉正勝が死去したことである。正勝の死は、旧年寄衆と松平信綱らの子飼い家臣とを繋ぐ飛び石的存在が失われたことを意味した。その結果、旧年寄層と松平信綱など家光の子飼い家臣とのあいだの格差がより大きなものとなり、松平信綱らを一気に年寄に取り立てることを困難なものとした。こうした政治状況の一つの帰結が寛永十一年三月の老中宛法度であり「六人衆」宛法度である。

Ⅲ章　「職」の形成とその特質

1　「職」の形成

三つの法度

寛永十（一六三三）年末の家光の大病、翌年一月に子飼い家臣の筆頭であった稲葉正勝が死去し、五月には三十万の軍勢を従えて上洛せねばならない状況を前にし、家光は、同年三月、酒井忠世・土井利勝・酒井忠勝の三人、「六人衆」、町奉行衆、それぞれに宛てて幕政運営上の職務を定めた法度を与えた。なお、この法度によって「職」の形成をみたことにより、以降三人の「年寄」を「老中」と呼ぶことにする。この三つの法度のうち町奉行宛のものはその内容がいまは伝わっていない。まず、老中宛法度をあげよう。

定

一禁中方幷公家門跡衆の事、
一国持衆惣大名壱万石以上御用幷訴訟の事、
一同奉書判形の事、
一御蔵入代官方御用の事、
一金銀納方幷大分の御遣方事、
一大造之御普請幷御作事、
一堂塔御建立事、
一知行割の事、
一寺社方の事、
一異国の事、
一諸国絵図の事、
右条々御用之儀幷訴訟の事、承届け言上いたさるべき者也、

寛永十一年三月三日

酒井(忠世)雅楽頭とのへ
土井(利勝)大炊頭とのへ

酒井讃岐《（忠勝）》守とのへ

（『御当家紀年録』）

十一か条からなるこの法度は、老中の管掌する事項として、禁中・公家・門跡（第一条）、大名衆（第二条）、奉書への加判（第三条）、蔵入地の代官（第四条）、金銀の出納（第五条）、大規模な普請・作事（第六条）、堂塔の建立（第七条）、知行割（第八条）、寺社（第九条）、外交（第十条）、国絵図（第十一条）があげられ、末尾にそれらの「御用」と訴訟を伺い、将軍に言上するよう定めている。

また、「六人衆」宛法度は、

定

一御旗本相詰候輩、万事御用并御訴訟の事、

一諸職人御目見并御暇の事、

一医師方御用の事、

一常々御普請并御作事方の事、

一常之下され物の事、

一京・大坂・駿河其外所々御番衆幷諸役人御用の事、
一壱万石以下与離者御用幷御訴訟の事、
右条々御用幷御訴訟の事、承届け言上すべき者也、
寛永十一年三月三日
松平伊豆守(信綱)とのへ
阿部豊後守(忠秋)とのへ
堀田加賀守(正盛)とのへ
三浦志摩守(正次)とのへ
太田備中守(資宗)とのへ
阿部対馬守(重次)とのへ
(『御当家紀年録』)

と、松平信綱以下「六人衆」に宛てられており、その管掌する事項として旗本に詰める衆(第一条)、諸職人の御目見・暇(第二条)、医師方(第三条)、日常の普請・作事(第四条)、日常の下賜品(第五条)、京・大坂・駿府その外所々の番衆と役人(第六条)、万石以下組外れのもの(第七条)の御用や訴訟をあげ、その将軍への言上を定めている。

三つの法度の意味

三つの法度が出された二日後、熊本藩主である細川忠利は、国元にいた父忠興に次のように書き送った（『細川家史料』）。

一ここ元何もかも年寄衆迄ニてハ事つかへ候、其上何事も三人相談なくては成り申さず候故、はか参らざるニ付、御用の事をわけられ、御法度書三ツ出し申し候、写を進上申し候、年寄衆へ物を申し候事、人を頼み候て申さず直ニ申し候へ、また少々の事ハ便ニて申し候へとの様ニ承り候、左候へハ、わきわきの衆いせい仕られ候事成まじきかと存じ候事、

この書状によれば、この時点での幕政運営は「何もかも年寄衆迄ニてハ事つかへ候」状態にあったこと、さらに「何事も三人相談なくては成り申さず候」とあるように、三人の年寄に「御用」が集中しその処理が滞っていたこと、さらに決裁にあたって三人の合議を必要としたことが「御用」処理の円滑化を妨げていたこと、そしてこうした状況を打破するために、「御用の事をわけ」ることとし、その分掌を定めるためにこれら法度書が出されたことが分かる。また、この書状からは、これまで年寄衆への願いごとは人を介

する必要が多くあったものが、以降必要とせず、老中に直接依頼するよう命じられ、「少々事」については使にて済ませるよう指示されたこと、さらにこれまで年寄衆への取り次ぎをすることで「いせい（威勢）」を張っていた「わきわきの衆」が排除されるであろうと忠利が考えていたことなどが知られる。

このように、政務の簡略化・迅速化を進めることを直接の目的として三つの法度が出されたのであるが、その持つ意味は、より大きなものがあった。三つの法度の制定によって、これまで成文化されていなかった年寄の職務が成文化され客体化された。このことは、「職」の形成のうえでは、決定的に重要なことである。すなわち、これまで年寄である個々の人格あるいはその個性に属していたさまざまな役割・権限が、この法度によって成文化され、個々の年寄の保持してきた権限を基本としながらもそれらを相対化し客対化した。この結果、出頭人として将軍の信寵とその能力にもとづいた年寄の幕政への権限拡大の可能性は否定され、同時にこれまで年寄間にあった権限の格差も形式的には否定されることになった。近代の官僚制における官職と比較すれば多くの限界を持つとはいえ、成文法である法度によって「職」が確定し、人ではなく「職」が、幕政運営の原理となったのである。

また、「御用」の老中・「六人衆」・町奉行への分割は、従来の年寄衆の権限を分割しそれを縦に、いいかえれば老中—「六人衆」という上下関係に編成したのではなく、老中・「六人衆」それぞれに将軍への「言上」が命じられたように、老中・「六人衆」・町奉行が並列的に将軍家光に直結する体制が創出されたのである（**図7**）。

すなわち、これらの「法度書」の制定は、「御用」決済の渋滞を理由に「何事も三人相談なくては成り申さず候」という年寄衆に集中した幕政運営のあり方を改め、それまで年寄の持っていた権限を分割し、分掌させ、それぞれを将軍に直結することで、これまでの年寄の持った力をそぎ、結果として将軍親裁を強化する役割の一端を担ったのである。さらにこのとき、後の月番制の原型となる老中の十五日当番制が導入され、同時にこれまで御用や訴訟を取り次いできた仲介者が排除されたことで、政務の公正化・迅速化がはかられた。

図7　寛永11年の職制

しかし、この老中宛法度の宛名に、年寄並となり一時は奉書に加判していた松平信綱が加えられなかった事実は、家光にとっては旧年寄層への譲歩となった点も見過ごすことはできない。さらに、法度が家光から酒井忠世・土井利勝・酒井忠勝の三人、松平信綱ら「六人衆」に宛てるという形式を持っていたことは、この規定が個別性を払拭し切った純粋な職務規定にはなりきっていなかったことを意味し、そこにはなお将軍と特定の家臣という人的関係・主従制が色濃く残っている。

松平信綱らの奉書加判

ところで老中宛法度の第三条にはその職務として老中奉書への加判が定められており、その規定が守られる限り、老中奉書への加判は酒井忠世・土井利勝・酒井忠勝の三人に限られるはずである。ところが奇妙なことにこの法度の出された直後から一門大名や譜代大名に限ってではあるが松平信綱・阿部忠秋・堀田正盛の三人が老中とともに奉書に加判するようになる。奉書加判という限定されたものとはいえ、そこからは松平信綱ら三人の旧年寄層への食い込みがはかられている様子をうかがうことができる。

家光は、寛永十一（一六三四）年五月に江戸を発ち上洛し八月末に江戸へ帰る。この上洛中には松平信綱ら三人が老中奉書に加判する例はみられない。ところが八月五日に家光が京都を離れる直前から松平信綱・阿部忠秋・堀田正盛の三人が、老中奉書へ恒常的に加判するようになる。この間の事情を探ってみよう。

筆頭老中の酒井忠世は、家光のこのときの上洛には供奉せず、江戸城守衛を命じられた。閏七月二十三日、酒井忠世が守衛していた江戸城西丸が炎上し、その報が同月二十七日に上洛中の家光の耳に入った。『徳川実紀』などの通説では、このとき忠世は城を出て寛永寺に入り、それを聞いた家光が立腹し、それが忠世の老中解任に繋がったとしている。しかし、事情は少し異なり、忠世の西丸退城・寛永寺での謹慎は上洛中の家光からの上使の江戸到着後のことであり、忠世が家光の怒りに触れたのは、西丸に日常的な防火の準備のなかったことによるもので、かつ家光の帰府後のことであった。ともあれ、家光帰府直後の老中奉書にも忠世の加判がみられないことからすると、この一件が松平信綱ら三人の奉書加判に多少は影響したと思われる。

もう一つの状況は、閏七月二十九日に松平信綱ら三人が従四位下に叙せられたことである。官位のうえでは、後年の老中の官位が従四位下侍従であったことにはなお劣るが、従五位下諸大夫であった稲葉正勝を超えるものであり、三人の地位が引き上げられている。

さらに、寛永十二年三月には家光によって堀田正盛が三万五〇〇〇石に加増され武蔵川越城主となり、阿部忠秋が二万五〇〇〇石に加増され下野壬生城主となり、幕閣内での地位を高めていった。しかし、翌年六月の武家諸法度の申渡しの場には松平信綱ら三人は列座しておらず、なお十全な意味では老中とはいえない。一方、酒井忠世は、西丸炎上後謹慎の身にあり、実質的には老中としての機能を果たしていなかったが、寛永十二年五月二十二日に「前々のごとく御奉公仕るべきの旨」(「江戸幕府日記」)が家光より命じられたものの奉書への加判は以降みられないことからすれば、形式的にもこの時点で老中の地位を退くことになったといえる。

将軍諸職直轄制

寛永十一（一六三四）年の法度の制定によって「万事御用はか参り候、年寄衆御番になり候て少しも御用つかえ申さず候」（寛永十一年三月二十一日付細川忠利披露状『細川家史料』）といわれるほど、幕府の行政・裁判事務の処理は、迅速かつ円滑になったかにみえた。しかし、家光上洛後は、酒井忠世が謹慎、その後その地位を去り、さらに寛永十一年に若狭小浜十一万三五〇〇石へ転封となった酒井忠勝が、家光の帰府途上の浜松から若狭への暇を得、同年末まで江戸にはいず、かつ奉書に加判するようになったものの松平信綱らの地位は明確ではなく、十五日当番制を含め寛永十一年三月の体制は機能麻痺の状態にあった。この様子は、寛永十二年八月一日付の書状で細川忠利が榊原職直に家光の様子を「年寄衆くじ（公事）をはかをやらす候とて、事の外御しかり候て、四、五日今に物を仰せられず候」（「公儀御書案文」）と報じたことからもうかがうことができる。

行政・裁判事務の停滞にいらだった家光は、寛永十二年末、幕政の大幅な改革を実施する。その前段として、松平信綱・阿部忠秋・堀田正盛が兼帯していた小姓組番頭の職を

「御用しけく」すなわち御用繁多を理由に解き、代わって土井利勝の子利隆と酒井忠勝の子忠朝をその後任とした。

本格的な改変は同年十一月に行われた。第一の改変は、前年の法度で老中・「六人衆」が管掌していた事項のいくつかを分離させ、寺社奉行・勘定奉行・留守居などの「職」として独立させ、図8のようにそれらの職を将軍が直轄する体制を作りあげた。そしてこのことを定めた「条々」の第一条で「国持大名御用并訴訟之事」を扱う老中として、土井利勝・酒井忠勝に加えて松平信綱・阿部忠秋・堀田正盛の三人が明確に位置づけられた。

第二の改変は、寛永十一年に導入された老中の十五日当番制を月番制に改め、かつこの月番制を「六人衆」・寺社奉行・町奉行・勘定奉行・作事奉行・大目付にも拡大適用した。第三の改変は、公事訴訟を聞く日、「承日」を定めたことである。老中・「六人衆」であれば、御用や訴訟を受け付ける日を毎月三日・九日・十八日の三日、町奉行であれば九日・十九日・二十七日の三日とした。第四の改変は、最も重要な「寄合」の日を二日・十二日・二十二日とし、十二月には寄合へ出座する者を老中・寺社奉行・大目付・勘定奉行・作事奉行・儒者・目付・右筆からそれぞれ一人、町奉行は二人とした。

第五の改変は、これまで不規則であった将軍自らが「御用・訴訟」を処理する「御用日」を十日・二十日・二十九日と定め、諸職を統括した。こうした体制を、以下、将軍諸

将軍

- 国持大名御用幷訴訟（老中―土井利勝・酒井忠勝・松平信綱・阿部忠秋・堀田正盛）
- 旗本・諸奉公人御用訴訟（六人衆―土井利隆・酒井忠朝・三浦正次・太田資宗・阿部重次）
- 金銀納方（留守居―酒井忠世・松平家信・松平重則・牧野信成・酒井忠吉・杉浦正友）
- 寺社方幷遠国訴訟（寺社奉行―松平勝隆・堀利重・安藤重長）
- 町方御用幷訴訟（町奉行―加々爪忠澄・堀直之）
- 関東中其外代官方幷百姓訴訟（勘定奉行―松平正綱・伊丹康勝・伊奈忠治・大河内久綱・曽根吉次）
- 作事方万事訴訟（作事奉行―佐久間実勝・酒井忠知・神尾元勝）
- 万事訴人（大目付―水野守信・柳生宗矩・秋山正重・井上政重）

図 8　将軍諸職直轄制（寛永12年）

職直轄制と呼ぶことにする。

将軍諸職直轄制の麻痺

寛永十三(一六三六)年、細川忠利は居城熊本城の修復を希望した。同年七月、細川氏は、まず酒井忠勝に普請許可を申入れるが、忠勝の返事は阿部忠秋が月番なので忠秋に申入れるよう指示した。そこで細川氏は、忠秋のところに願書と絵図を届けたところ、翌日には家光の耳に入れられ、即日普請の許可が下りた。このように、将軍諸職直轄制は、寛永十三年中は家光の比較的良好な健康状態に支えられ、効率よく円滑に運営された。

しかし、寛永十四年に入ると、この体制を維持していくうえで不都合な状況が生じた。その状況とは、寛永十四年一月から翌年三月まで時折小康状態をみせたものの一年以上にわたって続いた家光の病気である。この間の家光の病気は、不食・不眠・発熱・無気力・気短などの症状と養生の様子とから、鬱病であったと思われる。

寛永十四年一月二十一日、家光は、腹をこわす「虫気」に襲われた。この「虫気」に端を発した病は重く、二月ころ巷では家光の病気を「指儀にて御座なく候へ共、御心重く永引き申すべき様ニ」と噂された(「土佐山内家文書」)。三月に入ると家光の病はわずかながら回復を見せるが、閏三月にはふたたび悪化し、五月初旬まで続いた。この間、家光は、

「事の外御気短」となり「百日ニちかく夜を明」す不眠が続き、仕える側衆たちはこれに草臥れ果てた（寛永十四年四月五日付細川忠利披露状『細川家史料』）。六月には回復するかにみえたが、七月に入るとふたたび「御心おもー」い状態が続き病の再発が心配された。

七月から八月にかけて、家光は、食事も進むようになり、日々「御能・御おとり・碁・将碁」を見てすごした。ただ、この慰みは、「ひる少ニても御しつまりなされ候へハ、よるいよいよ御迷惑ならさせられ候故」（寛永十四年八月二十二日付細川忠興書状『細川家史料』）といわれたように、昼間静かに過ごすと夜は眠れないという、不眠の状態がなおも続いていたことへの対処であった。十月に入ると、家光は養生のため頻繁に鷹野に出かけ、十一月中ごろには、みかけは去年よりも気色は良くなり少し太ってきている。しかし、医者たちは「根本元気之虚」（寛永十四年十一月十七日付沢庵書状『沢庵和尚書簡集』）としてなお危ぶんでいた。

この間、家光は、毎月一日・十五日・二十八日に行われる在府の大名への恒例の御目見は一月を除いて一度もなく（表10）、寛永十四年閏三月には「切々御しかり成され、御年寄衆も中々御挨拶ニ越かね申し候」（寛永十四年四月五日付細川忠利披露状『細川家史料』）といわれたように、老中とのあいだも遠のく状態にあった。四月末には東国大名の暇にあたっての御目見を行ってはいるが、参勤した西国大名への御目見はなく、五月、六月とも家

表10　家光の月次の大名御目見の回数

年　月	1	2	3	③	4	5	6	7	8	9	10	11	⑪	12
寛永12	2	2	2	—	2	0	1	0	2	3	1	3	—	3
寛永13	2	1	2	—	1	3	2	1	2	2	1	3	—	3
寛永14	1	0	0	0	0	0	0	0	0	0	0	0	—	0
寛永15	1	0	0	—	0	1	1	0	1	1	1	1	—	2
寛永16	2	1	0	—	1	0	1	0	1	1	2	0	1	2

注.「江戸幕府日記」「水戸記」「紀州記」により作成。
○数字は、閏月。

光の政務への関わりをほとんどみることはできない。病気の再発した七月にも表へ出ることはなく、八月になっても「御養生ノタメ万事御構なされず候」(「江戸幕府日記」)という状態が続いており、依然として政務に関わっていない。

家光は、寛永十四年十一月九日に島原での一揆の報が江戸に届くと、その日に板倉重昌と石谷貞清とを島原に派遣し、その後も九州大名への軍事動員の指示を矢継ぎ早に発するなど、乱の勃発を機に政務を再開するが、恒例の諸大名の御目見や東照社への社参などはなおなされていない。

寛永十五年一月、家光は、年頭の「御祝之儀式」翌日の「御盃之儀式」を「御不予之余気《よぎ》」を理由に中止するなどするが、元日には老中などに酒を与え、ついで御三家、松平光通・前田利常の礼を受けるなど徐々に体調を回復させ、四月にはほぼ回復をみた。

寛永十四年から十五年にかけての家光の長病は、将軍諸職直轄制が将軍家光を核として運営されることを大前提としていたがゆえに、このシステムを機能麻痺に陥れ、この制度の構造的欠陥を露呈させた。

家光の病ほど大きな問題ではないが、将軍諸職直轄制の維持を困難に陥れたもう一つは、土井利勝をめぐっての問題である。家光の病状が最も重かった寛永十四年の四月、老中たちは家光のところへ挨拶にさえ行きかねる状態にあり、なかでも土井利勝は家光の御前を控え、一方、酒井忠勝は万事に構いなく家光の受けがよかった。五月には土井利勝転封の取沙汰があり、六月には土井利勝と酒井忠勝の間柄は不調で「御用之はか参らず」「万事下ノ用調いかね申す」（寛永十四年六月二十五日付細川忠利披露状「三斎様御書案文」）状況が生れており、土井利勝は家光の御前をいっそう控え、御用のとき以外は下屋敷に控えることを希望するなど、家光と土井利勝との確執、土井利勝と酒井忠勝の不和は拡大していった。

この家光と土井利勝との確執は、土井利勝下屋敷への御成の意向を家光が表明し、それを土井利勝が受けるというかたちで一応の決着をみ、島原の乱をはさむ時期には顕在化しなかった。しかし、寛永十五年六月ころふたたび土井利勝の駿河への転封が噂され、幕閣のなかでとりわけ土井利勝をめぐって矛盾が拡大している様子がうかがえる。さらに九月には「御老中間から不和の由」（寛永十五年九月十一日付細川忠利書状「公儀御書案文」）が取沙汰され、この時期にも老中間での確執が深まっている。

この問題もまた、家光の病による政務の遅滞とともに、この期の幕政が早急に解決せねばならない課題であった。

老中制の確立

寛永十四（一六三七）年から一年余りにわたる家光の病は、寛永十二年に作り上げられ家光を運営の核とした将軍諸職直轄制の機能を麻痺させ、かつその構造的な欠陥を表面化させた。家光の病によって引き起こされるこうした事態をいかに克服するかは、この時点での幕政が解決しなければならない差し迫った課題となった。

まず、家光は、子飼い家臣の筆頭にいた松平信綱の地位の引き上げをはかった。その決定打は、寛永十四年十一月に起こった島原の一揆後の九州仕置のための信綱島原派遣である。信綱は、寛永十三年の江戸城大改造の普請に深く関わり、次いで同年の家光日光社参にあたっては江戸城の留守を勤め、さらに朝鮮通信使の日光社参を取り仕切るなど、重要な政務を担当するようになっていた。しかし、大名たちの信綱評価はその時点ではそれほど高いものではなかったことが、一揆鎮圧後の寛永十五年三月五日付で細川忠利が浅野長治に宛てて送った次の書状（「公儀御書案文」）から十分にうかがうことができる。

一松伊豆《松平信綱》殿加様の御使ニハ初ニて御座あるべく候、右ハ其元《江戸》ニて存じ候ハかほとニハ御座あるまじき様ニ存じ候へキ、今度有馬ニて付相いかんし入り存じ候、伊豆殿御分別すわり申さず候ハヽ、いな物にてこれあるべく候、扨々さすが御とり立の伊豆殿と存じ候、

またこの書状の後半に細川忠利が、今回の島原での「分別すわ」った信綱の働きに感じ入り、さすが家光「御とり立の伊豆（松平信綱）殿」と記したように、この島原派遣を機に信綱の評価は格段にたかまった。家光の信綱島原派遣の意図は、老中を初めて九州にいれ幕権の伸張をはかることとともに、信綱の起用にもあったといえよう。

ついで、家光は、寛永十五年三月、松平信綱・阿部忠秋とともに家光の子飼い家臣として期待された堀田正盛を病弱ゆえにやむをえず老中から外し、他方、四月には「六人衆」の一人である阿部重次に父正次の関東での所領のうち四万石を加え五万三〇〇〇石とし、武蔵岩槻城を与え、十一月の老中登用への布石とした。

そのうえで家光は、十一月七日、江戸城黒書院に井伊直孝・堀田正盛・土井利勝・酒井忠勝・松平信綱・阿部忠秋・土井利隆・酒井忠朝・三浦正次・阿部重次・朽木稙綱を召し出し、土井利勝と酒井忠勝には「是迄仰せ付らる細か成る御役」を免じ、朔望と「御用」

のときの登城を命じるとともに、「六人衆」であった土井利隆と酒井忠朝の職を免じ、そのうえで阿部重次を松平信綱・阿部忠秋とともに老中とし、三浦正次・朽木稙綱の二人に殿中の番にあたる旗本支配を命じた（「江戸幕府日記」）。

次いで翌々日の九日、大番頭・留守居・寺社奉行・奏者番・町奉行・大目付・作事奉行・鎗奉行・勘定奉行・小堀政一（伏見奉行）・大坂町奉行・駿府町奉行・堺政所・船手之衆・川船奉行・鉄砲役井上正継・弓役吉田重信に、今後「御用幷訴訟之儀」については松平信綱・阿部忠秋・阿部重次、すなわち老中を通じて言上するように命じた。

十九日には、小姓組番頭・書院番頭・大番頭およびこの三番の組頭、小十人組頭、組中のものが召され、面々の屋敷境・知行所境目・召使者以下の公事などについてはその組中が寄合し、ことを決するよう、また分別に及ばない件については老中へ申すよう命じた。

この一連の改革で最大の改変は、老中を機構の中核に据え、その下にこれまで将軍が直轄していた留守居・寺社奉行・町奉行・大目付・作事奉行・勘定奉行などの職を位置づけ、将軍—老中—諸職というヒエラルヒッシュな組織を作り上げたことにあった（図9）。そしてこれを通じて、寛永十四年の自らの病によって表面化した制度上の欠陥を解消させたのである。この老中を核とする機構は、以後若干の変化がみられるものの、その後の幕政機構の最も基本的な軸となるものであり、またその採用は、寛永十二年に作られた将軍諸

- 将軍
  - 大老（土井利勝・酒井忠勝）
  - 老中
    - 大番（江戸・大坂・二条城の警備）
    - 留守居（人質の管理、大奥の取り締り、女手形など）
    - 寺社奉行（寺社支配、遠国の訴訟）
    - 奏者番（大名・旗本の将軍御目見の際の取次）
    - 町奉行（江戸の町支配）
    - 大目付（大名の監察）
    - 作事奉行（江戸城などの建築工事）
    - 鑓奉行（長柄同心・千人同心の支配）
    - 勘定奉行（幕府の財政、幕府領の訴訟）
    - 小堀政一・五味豊直（伏見・京都の奉行）
    - 大坂町奉行（大坂の町およびその周辺支配）
    - 駿府町奉行（駿府の町およびその周辺支配）
    - 堺政所（堺の町およびその周辺支配）
    - 船手頭（幕府の軍船支配）
    - 川船奉行（川船の支配）
    - 井上正継（鉄砲役）
    - 吉田重信（弓役）
  - 「若年寄」―書院番・小姓組番

図9　寛永15年の幕府機構

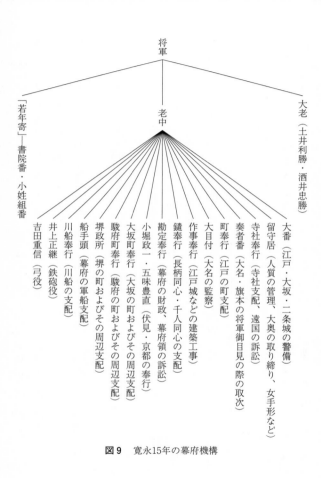

職直轄制の否定であり放棄でもあった。

また、土井利隆・酒井忠朝の赦免、阿部重次の老中登用、三浦正次・朽木稙綱による殿中番の旗本支配、さらに三浦正次・朽木稙綱がこれまで兼帯してきた小姓組番頭の職を許し、領知高を加増することでその地位を引き上げ、幕政機構のなかに明確な位置を与えた。このことは、子飼い家臣の引き立てのために寛永十年にもうけた「六人衆」の事実上の消滅を意味した。

そして、この再編が一段落した寛永十六年一月、家光は松平信綱に三万石を加増し忍城から川越城六万石に、阿部忠秋に二万五〇〇〇石を加増し忍城五万石に移し、老中三人を五万石から六万石の江戸周辺に城を持つ大名とした。

2 「職」形成の諸相

若年寄

若年寄は、江戸幕府のなかで老中に次ぐ要職とされ、老中支配以外の諸役人と旗本を統轄した。この原形はすでに述べた寛永十（一六三三）年に成立した「六人衆」にあるといわれ、一時中絶したあと寛文二（一六六二）年に再置されたといわれてきた。

この経過を少し追ってみよう。先述したように、寛永十年三月二十三日、「六人衆」と呼ばれるようになる松平信綱・阿部忠秋・堀田正盛・三浦正次・太田資宗・阿部重次の六人は家光から「少々之御用」を支配するよう命じられた。次いで同年四月十九日、「六人衆」に年寄であった稲葉正勝を加えた七人の職掌が明確化され、猿楽舞々は稲葉正勝と太田資宗、好寄屋方職人は松平信綱と堀田正盛、腰物方職人は阿部忠秋と三浦正次、持筒持弓は阿部重次と太田資宗ということになった。

さらに寛永十一年三月の「六人衆」宛法度によって、旗本に詰める衆、諸職人、医師方、日常の普請・作事、常の下賜品、京・大坂・駿府その外所々の番衆と役人、万石以下組外れのものが「六人衆」の支配するところとなった。この職務内容をみると後に成立する若年寄の職掌との類似は大きく、「六人衆」を若年寄の前身とみなしてよいようにも思われる。しかし、寛永十五年の幕政機構改革は、当時「六人衆」を構成していた土井利隆・酒井忠朝・三浦正次・阿部重次・朽木稙綱のうち土井利隆・酒井忠朝二人の役を免じ、阿部重次を老中とし、「六人衆」から離脱させたが、その跡を補わず、事実上「六人衆」を解体させた。この点は、「六人衆」が管掌していた役割についても明確にみられる。残された三浦正次と朽木稙綱の二人の職掌は、もはやかつてのものではなく殿中番の旗本支配に限られ、他の職掌は老中支配へと移った。しかし同時に、二人は小姓組番頭兼帯を解かれ、翌年には三浦正次が一万石を加増され二万五〇〇〇石、朽木稙綱は一万石を加増され二万石となり、その地位が上昇させられている。

寛永十八年、三浦正次が死去するが、その跡は埋められず、慶安二（一六四九）年、朽木稙綱が五〇〇〇石の加増を得て常陸土浦城主となったのを機に職を解かれ、その跡も三浦同様補充されなかった。ここに寛永十年に成立した「六人衆」はまったく消滅する。「六人衆」は、そもそも家光による子飼い家臣の取り立て、新たな出頭人の創出をめざしたものであり、子飼いの松平信綱・阿部忠秋・阿部重次が老中の職を占めるにいたったこの段階にはもはや不用のものとなったことに、消滅の主要な要因があったと思われる。

朽木稙綱の罷免後二十年たった寛文二（一六六二）年二月、四代将軍家綱の側衆であった久世広之と土屋数直の二人に「向後御旗本の面々御用訴訟等承るべき旨」（「江戸幕府日記」）が命じられ、これ以降二人は若年寄と呼ばれるようになる。二人の若年寄就任にともない**表11**に示したように老中のもとにあった職掌が大きく「老中支配」と「旗本方支配」に二分された。そしてこの幕政機構は、幕末まで基本的には変化することはなかった。その意味で、幕政機構はここに確立し定着したといえよう。

こうした機構改革がこの時点でなされた要因の一つは、一般的には家綱の政権が一定の安定をみ、かつ職務が多様化し煩雑化してきたことにあろうが、より直接的な要因として

表11　老中・若年寄の支配分掌

職　名	支配下の職名
老　中	高家　留守居　大番頭　大目付　町奉行　旗奉行　鎗奉行 作事奉行　勘定頭　普請奉行　遠国奉行　遠国役人　鷹方
若年寄	書院番頭　小姓組番頭　新番頭　小姓　小納戸　中奥 百人組頭　持弓持筒頭　目付　使番　惣弓鉄砲頭 火消役人　歩行頭　小十人組頭　西丸裏門番頭　納戸頭 船手　二丸留守居　中川番　九千石以下交替無之寄合 膳奉行　右筆　小普請奉行　道奉行　医師　儒者 書物奉行　細工頭　賄頭　台所頭　同朋　黒鍬頭　中間頭 小人頭

注.『御触書寛保集成』により作成。

は家光以来の老中松平信綱がこの月の始めに死去したことを考慮する必要があろう。

寺社奉行

江戸幕府の寺社奉行は、先述したように寛永十二（一六三五）年の将軍諸職直轄制の採用にともない、「寺社方并遠国訴訟の事」を職掌として成立する。こうした職掌は、寺社奉行の成立以前にはどのように担われていたのだろうか。

「寺社方」については、京都を中心とした上方に有力寺社が多かったこともあって、幕府成立当初は、所司代である板倉勝重と豊臣政権以来の西《せい》笑承兌《しょうじょうたい》とがその支配にあたり、西笑承兌の死の直前から閑室元佶《かんしつげんきつ》がそれに加わった。いずれも禅僧である。元佶が慶長十七（一六一二）年に死去すると外交文書作成でもその跡を襲った以心崇伝が家康からその後任に命じられた。『駿府記』の同年八月十八日の条には「今日、諸寺事、伝長老（崇伝）・板倉伊賀守（勝重）両人可聞之由有御諚」とある。

一例をあげておこう。崇伝は、「諸寺事」を命じられた翌年の十一月二十八日、住持である京都の金地院に板倉勝重を迎え、大和当麻寺における真言宗・浄土宗の出入、山城大光寺の寺僧の訴訟、青蓮院公人の知行、三宝院院家神光院の跡目、吉野勝手社の公事、相国寺勝定院の公事、五条神明の公事、建仁寺等首座の公事など十七件を審議・処理し、翌日には勝重の屋敷でこれらの裁許の結果を伝える二人連署の折紙を調えている。このように、板倉勝重・崇伝の権限は、真言・天台・浄土・禅宗など仏教各宗だけでなく神社にも及ぶものであった。

所司代・崇伝という体制は、所司代が板倉勝重から板倉重宗へと交替してのちも大きくは変わることはなかった。しかし、寛永十年に崇伝が死去したあと、寺社方は、上方を例外として、老中の掌握するところとなったようである。そのことは寛永十一年三月の老中宛法度の一か条に「寺社方之事」があげられていることからもうかがうことができる。この他、江戸における寺社支配は、寛永十二年以前には江戸町奉行の権限であったようだが、恐らくこのときに新たに成立した寺社奉行に移管されたものと思われる。

一方、「遠国」については、勘定奉行が「関東中其外御代官方幷百姓訴訟之事」を管轄するところとなったのに対応し、それ以外の「遠国」という枠組みが成立し、その地域についで従来は年寄の手にあった権限が寺社奉行の所管となったものと思われる。なお、所司代や大坂町奉行など遠国奉行のいる地域については、寛永十二年以降もその訴訟が彼らの手で裁許されており、寺社奉行が専管する地域ではなかった。

寛永十二年には将軍直轄であった寺社奉行は、寛永十五年の幕府機構改革においては老中支配となるが、その職が大名役であったこともあって、寛文二（一六六二）年には老中支配から分かれ、将軍に直結する職となった。

町奉行

幕政機構が完成した段階における町奉行の職掌は、武家地・寺社地を除く江戸の町支配である。江戸の町支配という点からすれば、慶長六（一六〇一）年に所司代に転出した板倉勝重をまずあげることができる。しかし、この期の勝重は、関東の直轄領、小田原の町を支配し、関東の伝馬制の整備・維持にも関わるなど多様な役割を果たしていた。その意味で勝重を後の町奉行をイメージしてそう呼ぶことは適切ではない。勝重とともに「町の御代官」と呼ばれた代官頭の一人である彦坂元正も同様の地位にあったといえよう。

勝重の跡、秀忠の傅役であった青山忠成と内藤清成の二人が幕領私領を含めた関東総奉行となり江戸町の支配も担当した。しかし、二人とも慶長十一年に秀忠の勘気にあいその職を追われた。その跡を襲ったとされる米津田政《よねきつただまさ》・土屋重成の就任時期はなお明らかでなく、慶長十八年には土屋の跡を島田利正が受け、寛永元（一六二四）年の米津死去後は寛永八年まで島田が一人で勤めた。米津・土屋の就任時に関東総奉行の役割のうち関東の支配は関東郡代へと分割され、江戸町がその管轄対象となる。しかし、この時期の町奉行は、のちにいうところの江戸町奉行の職務のほか、江戸の寺社支配をも担当し、さらには幕閣の一人として政策決定にあたるなど、多種多様な統治上の機能を果たしていた。

寛永八年、島田利正が辞任すると、その跡を受けて加々爪忠澄と堀直之の二人が町奉行となった。これが近世的な町奉行の成立と一般には位置づけられている。島田から加々爪・堀への交替で大きく変化したのは、これまで年寄衆の寄合がしばしば島田の屋敷で持たれていたのが、以降はまったくみられなくなったことである。この事実は、島田の持っていた幕閣の一人としての機能がこの交替を機に奪われたとみることができる。

しかし、寛永十一年三月に出された三つの法度のうちに内容を知ることはできないが町奉行宛のものがあったことからすれば、この段階の町奉行は、老中・「六人衆」と並んで将軍に直結する存在であったと推測される。次いで寛永十二年の将軍諸職直轄制のもとでは、「町方御用幷訴訟之事」と定められたように、その職掌は江戸の町方に限定されている。恐らくこのときに江戸の寺社支配は寺社奉行に移管されたと思われる。そして、寛永十五年の幕政機構改革により町奉行は老中の支配下に位置づけられ、以降若干の変遷をみるものの大枠としては幕末まで続く。

勘定奉行

幕政機構が完成した段階での勘定奉行は、幕領支配と幕府財政を統轄し、全国の幕領と関東の私領の訴訟を管掌した。幕領支配についてみると、慶長期には大久保長安・伊奈忠次・彦坂元正・長谷川長綱など代官頭と呼ばれた人々を中心に担われ、その勘定も個々の代官頭や代官によってなされ幕府全体としての勘定はなされてはいない。その後関東郡代へと繋がる伊奈氏を除いて初期の代官頭は失脚し、他は従来の支配地を個々の代官が支配するとともに、国奉行が設置された地域では、その公事・訴訟は彼らの手によって処理された。

幕府財政については、家康の時代には家康のもとに松平正綱が、秀忠のもとには伊丹康勝がおり知行割を含めこれを担当した。家康の死去後は松平正綱と伊丹康勝の二人がともに幕府財政を預かった。しかし、先にあげた**表8**に示したごとく年寄衆の寄合が松平正綱・伊丹康勝の屋敷でも頻繁に持たれていたことが示すように、彼らの地位は年寄並の存在として幕閣を構成しており、後の勘定奉行とは大きく異なる。このことは、後の勘定奉行が一万石未満、三〇〇〇石クラスの旗本の職であったのに対し、松平正綱は二万二〇〇〇石、伊丹康勝は一万三〇〇〇石を領していたことにも現れている。

先述したように寛永十年九月、松平正綱と伊丹康勝の二人は、家光に勘当された。その直接の原因は知行割のミスであったが、根本的には彼らの「商い」的行為への糾弾であった。この勘当は寛永十一年五月に許されるが、それに先立つ寛永十一年三月の老中宛法度では、「御蔵入代官方御用之事」「金銀納方幷大分御遣方の事」「知行割の事」が老中の職務とされ、彼らの直接関与は排除されている。そしてこの間、松平正綱・伊丹康勝の職掌であった城米支配が伊奈忠治・大河内久綱・曽根吉次によって担われたように、幕府財政の新たな担い手が取り立てられている。なお、城米とは、幕府が二条城・大坂城など幕府直轄城のほか各地の大名の城に米を兵粮米として備蓄したものであり、延宝四（一六七六）年には五十九か所で合計二十四万石にのぼった。

ついで寛永十二年の将軍諸職直轄制のもとで、「金銀納方」はなお酒井忠世・松平家信・松平重則・牧野信成・酒井忠吉・杉浦正友ら六人の職掌とされたものの、「関東中其外御代官方幷百姓訴訟の事」が松平正綱・伊丹康勝・伊奈忠治・大河内久綱・曽根吉次の五人の分掌するところとなり、ここに職掌としては十全ではないが勘定奉行の「職」が形成された。

以上述べてきたものを含めて、幕府中央における「職」の主要なものは、寛永十年代に形成されるが、その形成は、法典や法令によって一気にまた組織的になされるのではなく、その時々に出された「定」や申渡しを通して試行錯誤を経て徐々になされ、かつまた近世を通じてたえず改変されていった。

所司代と京都町奉行

「所司代」という職名は、すでに中世にみられるが、近世に入り織田信長のもとで村井貞勝が、豊臣秀吉のもとで前田玄以が所司代となっている。慶長五（一六〇〇）年の関ケ原の直後、徳川家康は奥平信昌を所司代とするが、本格的な所司代は翌六年八月にその職に就任した板倉勝重からである。

ところで、江戸時代中期の所司代の職掌は、①朝廷の支配・朝廷との交渉・朝廷の守護、②公家・門跡の監察、③京都町奉行、奈良・伏見奉行の統轄が主たるものであった。中期の職掌のうち①②は、十七世紀初頭にも板倉勝重が管掌していた。③のうち伏見奉行・京都町奉行はいまだ成立していないが、奈良奉行についてはそれほど明確ではないがそれを指揮下においていた。こうした中期以降の所司代に継承されていく機能のほかに、板倉勝重はきわめて多くの機能を果たしていた。

後に上方郡代となる五味豊直へ寛永六（一六二九）年に移管された「京廻り土居之内并西国辺公家衆上り地」の仕置、寛文八（一六六八）年に雨宮正種・宮崎重成の両京都町奉行に移された京都町中の公事訴訟検断、寛永十一年ころに五味豊直・小堀政一に移管された丹波・近江を対象とする国奉行の権限、のちに幕府代官の支配となる山城の幕領代官の機能、江戸と上方とのあいだの宿駅制の整備・維持、老中に吸収されることで消滅する駿府年寄の一人としての役割、大坂城代が担うことになる軍事的機能など、板倉勝重が担い果たしてきた役割は多種・多様であり、ここに家康の出頭人としての板倉勝重の姿をみることができる。

勝重のあと元和六（一六二〇）年に勝重の子板倉重宗が所司代となり、承応三（一六五四）年まで三十四年の長きにわたってその地位にあった。重宗の跡は、牧野親成が襲う。この二人の所司代時代には、先にあげたように板倉勝重が担い果たした役割のうちかなりのものが他者へ移されている。

京都町奉行は、主要な遠国奉行のうちでは最も遅く成立した職である。京都町奉行の諸機能・諸権限は、寛文八年に所司代から分割された京都の町における公事訴訟の権限と小堀政一や五味豊直が保持した諸機能・諸権限の多くを受け継いだものである。

小堀政一が正保四（一六四七）年に死去し、水野忠貞が「伏見町奉行」を命じられるが、水野忠貞に与えられた権限は、①御料・私領の別なく近江・丹波両国に五味豊直とともに触れること、②近江・丹波両国の女手形に五味とともに判を加えること、③百姓公事を五味とともに扱うこと、④上方御作事の吟味を五味とともに行うこと、⑤上方御代官所取付などを五味とともに司ること、⑥伏見町と町付代官所の仕置を行うことの六つである。これらが小堀政一が保持していたすべての権限かというとそうではなく、小堀は、近江だけでも九万石余りの幕領を代官として支配していた。この権限は伏見奉行の交替を機に切り離されている。

五味豊直の権限は、水野と同様に①御料・私領の別なく近江・丹波両国への触流し、②近江・丹波両国の女手形への加判、③百姓公事、④上方御作事の吟味、⑤上方御代官所取付などの支配のほか、⑥代官としての職務、⑦禁裏方御用、⑧木津川をはじめとした大川筋の支配があった。万治三（一六六〇）年に死去した五味豊直の跡は小出尹貞に命じられた。このとき、鈴木重辰が京都代官を命じられ、五味の権限のうち⑥幕領代官としての権限、⑦禁裏方御用、⑧の大川筋の支配とを引き継いだ。すなわち、五味の跡役となった小出尹貞は、五味の保持していた①②③④⑤の権限を継承したのである。

寛文五年に小出が死去し、その跡は雨宮正種と宮崎重成の二人に命じられた。翌六年に水野忠貞が職を辞し、その権限もまた雨宮・宮崎に継承された。さらに病気勝ちであった所司代牧野親成が寛文八年に職を解かれ、板倉重矩が所司代仮役となった。そしてこれを機にこれまで所司代が掌握していた「京都町中公事訴訟」が当面、雨宮・宮崎の手に移された。これによって京都町奉行がひとまず成立する。そして、寛文十年難航していた新所司代が永井尚庸と定まったのを機に京都町奉行が恒常的なものとなった。

表象としての役所

「職」の形成と深いつながりのある「役所」について補足的に述べることにしよう。官僚の職務遂行の場所としての役所と官僚の居住する私宅とが空間的に分離することが、官僚制の指標の一つとしてこれまでも注目されてきた。この役所と居宅の空間的分離とともに、支配されるものにとって役所＝建物（または場）が、その「職」の持つ機能を目にみえる形で表象するものであるという点も注意されねばならない。

幕藩官僚制における役所についての考察は、江戸町奉行所のように比較的研究の蓄積があるものもあるが、多くは今後の課題とせざるをえない分野である。江戸町奉行所については、寛永八（一六三一）年に堀直之が江戸町奉行に就任するにあたって呉服橋門内の島田利正の屋敷を、加々爪忠澄が常盤橋内の牧野信成の屋敷を役宅として与えられたことで、私宅の持った出頭人的性格が払拭されたとされるが、それと同時に出頭人としての島田利正が所持していた諸機能のある部分が「場」の継承を通じて客体化された面も注目に値する。

寄合場としての評定所についても、当初は酒井忠世をはじめとする年寄衆や年寄衆並の力を保持していた松平正綱・伊丹康勝・島田利正らの私宅が寄合の場であったが、寛永十二年、伝奏屋敷に設置されることで役所としての性格を明確にした。

だが一方で、すべての「職」に対応する役所＝建物が「職」に就いたものの屋敷から空間的に分離されていたわけではなかった。さまざまの申渡しの場であり、執務する場所であった老中の屋敷、独立した建物を持たなかった寺社奉行所、勘定所とは別に公務を行う場としての勘定奉行の屋敷があった。これらは、公的領域が私的領域を包摂したものとの指摘があるが、「職」への就任とともに多くの場合行われた屋敷替や、寺社奉行の月番の屋敷に掛けられた看板、寺社奉行の役宅に設けられた白洲などの審理の場が、私的な場を公的な場へと転化させるうえで、視角的表象として重要な役割を果たしている。

3　「職」と武士身分

身分・階層と「職」

幕藩官僚制において、「職」にあるものは、知行取であろうと扶持米取であろうとすべてが主人である将軍あるいは大名に召し抱えられたものであり、他身分のままで「職」に就くことは原則としてありえず、他の身分からの登用にあたっては、百姓身分にあった田中丘隅が八代将軍徳川吉宗から扶持米を与えられたうえで幕領支配のために登用されたように、その人物はまず召し抱えによって武士身分へ編入された。このように、幕藩官僚制における「職」は、武士身分によって独占されていたのである。

また「職」は、武士身分のものであればだれもが自由に「職」を選び就くことができたわけではなく、身分内に階層差が存在した。幕府にあっては、一門・外様大名は、わずかの例外を除いて幕府の「職」に就くことはなく、譜代大名・旗本・御家人によってそれらは独占されていた。そして、各「職」は、さらに細かな身分・格式に対応したものとして位置づけられていた。**表12**は、幕府における身分・格式と「職」の関係の概要を示したものである。

表12　身分・格式と「職」

身分・格式		「職」
大名	少将	大老
	侍従	老中　西丸老中　所司代
	四品	大坂城代　側用人
	諸大夫	若年寄　寺社奉行　奏者番　大坂定番
旗本	侍従	高家
	諸大夫	側衆　駿府城代　留守居　大番頭　書院番頭　小姓組番頭　大目付　町奉行　勘定奉行　旗奉行　作事奉行　普請奉行　長崎奉行　京都町奉行　大坂町奉行　山田奉行　日光奉行　奈良奉行　禁裏付
	布衣	駿府町奉行　佐渡奉行　西丸留守居　百人組頭　鑓奉行　新番頭　小普請組支配　持之頭　火消役　小姓　広敷用人　大坂船手　留守居番　先手頭　目付　使番　書院番組頭　小姓組組頭　小十人頭　納戸頭　船手　腰物奉行　勘定吟味役　郡代
	御目見以上	新番組頭　新番　大番組頭　大番　表右筆組頭　膳奉行　裏門切手番頭　広敷番頭　中奥番　小姓組　書院番　鉄砲玉薬奉行　弓矢鑓奉行　天守番　富士見宝蔵番頭　具足奉行　幕奉行　書物奉行　賄頭　腰物方　右筆　小十人組頭　小十人組　鷹匠組頭　鷹匠　勘定組頭　勘定　代官　蔵奉行　金奉行　細工頭　台所頭　儒者　漆奉行　林奉行　川船改役　千人頭　天文方　同朋頭　同朋
御家人	御目見以下	鳥見　天守番　富士見宝蔵番　支配勘定　徒目付組頭　徒組頭　貝役　太鼓役　闕所物奉行　黒鍬者頭　徒目付　評定所番　台所組頭　奥火番　表火番　中間頭　小人頭　膳所台所人　賄組頭
	譜代場	台所番　明屋敷伊賀者組頭　留守居与力　留守居同心　留守居番与力　広敷伊賀者　鷹匠同心　裏門切手番同心　中間目付　中間　小人目付　小人　黒鍬者　掃除者
	二半場	賄勘定役　寄場元締役　奥坊主組頭　奥坊主　表坊主組頭　表坊主　紅葉山坊主　賄方　小間遣　賄六尺
	抱入	小普請方伊賀者組頭　大番与力・同心　書院番与力・同心　町奉行与力・同心　持与力・同心　火消与力・同心　先手与力・同心　鉄砲方与力　徒　普請役　鷹野方　馬乗評定所書役　小普請方手代　細工所同心　普請方同心　旗同心　浅草蔵手代　浅草蔵番　牢屋同心

注.「吏徴」により作成。

幕府における身分・格式は、大きく大名・旗本・御家人に区分された。大名は、将軍との親疎によって一門・譜代・外様に分けられ、また領知高の大小、江戸城内で日常的に詰める場である殿席、国持・城主・城主格・無城によっても区別されていた。幕府の「職」に就いた譜代大名については、こうした区分よりも「職」と朝廷官位が重視された。すなわち、朝廷官位を規準に少将・侍従・四品（従四位下）・諸大夫（従五位下）の格式があり、それぞれの「職」がこれに対応させられていた。なお、これらの「職」は、いずれも将軍直結の職である。

旗本では侍従・諸大夫・布衣・御目見以上があり、侍従は世襲の職であり朝廷とのあいだを取り持った高家のみに許された。諸大夫は、多くは対応する職に就いた直後に叙任される。布衣は六位相当とされた格式である。

御家人は、御目見以下と譜代場・二半場・抱入とに分けられ、そのうち譜代場は、家康から家綱までの四代のあいだに留守居与力・同心などの職を勤めた者の子孫で無役になると旗本同様小普請組に入れられた。二半場は、譜代同様四代の間に西丸留守居与力・同心などの職を勤めた者の子孫である。譜代・二半場が家督相続を許されたのに対し、抱入は、同じく四代のあいだに大番・書院番・町奉行の与力・同心などに召し抱えられたものと五代綱吉以後に召し抱えられた御目見以下の幕臣で、職を離れるとともに御家人の地位を失った。

こうした事態は、藩にあっても格式と「職」の関係としてみられる。尾張藩では、万石以上諸大夫・老中列以上・大寄合以上・御用列以上・千石以上・礼剱・物頭以上・騎馬役以上・規式以上・五十人以上・徒以上の十二段階の格が設けられ、年寄・城代は老中列以上、用人・寺社奉行は御用列以上、旗奉行・町奉行・舟奉行・熱田奉行・普請奉行などは物頭以上の格に対応させられていた。

こうした登用における階層制は、その初任職の面で明確となる。幕府にあっても諸藩にあっても、すべての武士が同一の「職」から出発するのではなく、その人物が親から受け継いだ知行あるいは俸禄と家格とによって初任の「職」が決定した。たとえば、幕府の場合、老中になりえる譜代大名の初任職は、多くの場合奏者番であったし、勘定所の吏僚である勘定については、御目見以上のものであれば勘定に、御目見以下のものであれば支配勘定に多く登用された。

このような階層的な登用の原理、階層的な規定性は、官僚制が一般に持った年功序列による弊害を排除し、官僚制機構の生み出す老化現象を阻止する機能を一定程度持ち、幕藩官僚制の持った強靱さの一面を支えた。

「職」と朝廷官位

江戸時代の大名や町奉行・勘定奉行といった奉行クラスの幕府の役人が、従四位下・従五位下や侍従・山城守・民部少輔などの朝廷官位を持っていたことは、先にも触れたし、またよく知られている。こうした武家に朝廷から与えられた官位のうち官職については、慶長二十（一六一五）年の禁中并公家諸法度の第七条において「武家の官位は、公家当官の外たるべき事」と定められたように、朝廷内の官職と武家が任じられる官職とを分離し、武家の官職を朝廷内の官職の定員枠から自由なものとした。たとえば寛永十一（一六三四）年の時点では、本来一人であるべき左大臣の職に摂家の一人である二条康道と将軍であった徳川家光の二人が任じられていたように、公家と武家で同時期に同一の官職に任じられている。

また、寛文四（一六六四）年の時点で、**表13**に示したように、信濃国の国司である信濃守に任じられていた武家は十八人、若狭守に任じられていた武家は十三人、山城守・越中守に任じられていた武家は十一人など、本来一人しか任じられようのない国司や中央役所の長官の官職に複数しかも多数任じられているように、その朝廷官職は、具体的な政治を担う官職としての実体をもたない形式的なものであった。

ではなぜ、武家に対して朝廷官位が与えられたのか、またその役割はなにかなど、朝廷

表13　寛文4年時点の主な官職と人数(単位：人)

官職名	大　名	旗　本	陪　臣	合　計
信濃守	13	2	3	18
若狭守	7	4	2	13
山城守	8	2	1	11
越中守	5	5	1	11
美作守	6	4		10
土佐守	4	5	1	10
飛騨守	7	3		10
出羽守	7	2		9
伊予守	7	2		9
能登守	8	1		9
丹後守	5	4		9
対馬守	4	4	1	9
式部少輔	4	2		6
兵部少輔	3	3		6
市正	4	2		6
その他	207	105	14	326
合　計	299	150	23	472

官位について検討を加えることは近世武家社会のあり方を解明するうえで欠かすことのできないものであるが、ここでは幕藩官僚制との関連に限定してその持つ意味を考えてみよう。

表14は、幕府前期の老中が朝廷官位に叙任された時期を表したものである。これによると、年寄・老中の官位は、老中が「職」として形成される寛永十一年以前は、慶長十四年以来年寄であった酒井忠世、慶長十六年以来年寄であった土井利勝の二人が寛永三年の将軍上洛を機に従四位下侍従に、酒井忠世・土井利勝に次ぐ地位にあった酒井忠勝が寛永十年に従四位下侍従に叙任されたのを除くと、家康の年寄として権勢を振るった本多正純や家光の信頼の厚かった稲葉正勝などは従五位下諸大夫叙任に止まり、総体的に年寄・老中の官位は低く、かつ個々の年寄

表14　年寄・老中の位階官職叙任

名　前	在職期間	諸大夫	従四位下	侍　従
本多正純	慶長10頃　—元和8.10.1	慶長6.5.11		
酒井忠世	慶長14頃　—寛永11.8頃	天正16.4.2	寛永3.8.19	寛永3.8.19
土井利勝	慶長16頃　—寛永15.11.7	慶長10.4.29	寛永3.8.19	寛永3.8.19
安藤重信	慶長16頃　—元和7.6.29	慶長16		
井上正就	元和9.9頃　—寛永5.8.10	慶長20.1.27		
永井尚政	元和9.6頃　—寛永10.3.25	慶長10.4.26		
酒井忠勝	元和9.6頃　—寛永15.11.7	慶長14.11	寛永10.12.1	寛永10.12.1
酒井忠利	元和9.7頃　—元和９末	慶長11		
青山忠俊	元和9.7頃　—元和9.10.19	慶長5.11.17		
内藤忠重	元和９末　—寛永10.3.16	元和9.7.27		
稲葉正勝	元和９末　—寛永11.1.25	元和9.8.2		
青山幸成	寛永5.9頃　—寛永10.2.3	慶長10.4.16		
森川重俊	寛永5.9頃　—寛永9.1.24	慶長10.4.16		
松平信綱	寛永10.4頃 —寛文2.3.16	元和9.7.-	寛永11.⑦29	寛永20.11.1
阿部忠秋	寛永11.3頃 —寛文6.3.29	元和9.7.-	寛永11.⑦29	慶安4.8.16
堀田正盛	寛永11.3頃 —寛永15.3.8	元和9.7.-	寛永11.⑦29	寛永17.12.29
阿部重次	寛永15.11.7—慶安4.4.20	元和5.12.28	寛永16.1.1	
松平乗寿	慶安4.4　—承応3.1.26	慶長20.1.27	正保2.1.2	慶安4.8.16
酒井忠清	承応2.⑥5　—寛文6.3.29	寛永15.⑥5	寛永18.9.1	寛永20.7.16
稲葉正則	明暦3.9.28 —延宝8.1.12	寛永11.12.29	明暦3.12.27	寛文1.12.晦

注．従五位下と諸大夫成とは同時であるので従五位下叙任日を省略した。
○数字は閏月。

のあいだでかなりの差があった。それに対し、老中が「職」として確定されて以降、老中の「職」と従四位下侍従という官位とが徐々に対応するようになっていき、後には老中「職」の官位は従四位下侍従に固定し、その格式を示すものとなった。

豊臣政権下にあっては、家康が内大臣となったのを筆頭に大納言・中納言・参議となるものも多く、大名の朝廷官位はその政治的実力にほぼ対応するかたちで高められ、他方、浅野長吉（長政）・石田三成ら五奉行については二十万石以上を領しながら、その官位は従五位下諸大夫にとどめられたように、秀吉子飼いの家臣たちの官位は、全体としては低く押さえられていた。

これに対し、江戸幕府のもとでは、豊臣政権期に前田利家が大納言となるが、以降の加賀藩主で大納言となったものはなく、御三家を除いて中納言以上の官職に任じられることはきわめてまれであり、諸大名の官位は豊臣政権期に比して相対的に低く押さえられていった。他方、老中の領知高は二十万石を超えるものはなく多くは五万石前後に過ぎなかったが、その官位は国持大名並となり、また万石以下の旗本が就いた大目付・町奉行・勘定奉行・遠国奉行などの官位も大名並の従五位下・諸大夫となった。

すなわち、朝廷官位を幕府職制へ導入し、それを幕府内での儀礼の場などで座次として実際に機能させることで、老中をはじめとする幕府諸職の権威づけがはかられた。さらに、領知の代わりに朝廷官位という権威と格式とを与えることで、重職に就けば就くほど領知が増大するという封建制の原則に枠をはめ、領知加増による老中の勢力の増大とそのことによって生じる財政負担の肥大化を押し止めようとしたのである。

「御為第一」の原則

幕藩官僚制における「職」の任命権は、究極的には将軍あるいは大名が握っていた。たとえば、将軍は、老中・若年寄・所司代・大坂城代・寺社奉行といった組織上でも将軍に直結していた「職」だけでなく、老中支配下の留守居・大目付・町奉行・勘定奉行・遠国奉行・大番頭、若年寄支配下の書院番頭・小姓組番頭・目付などの「職」についても任命権を掌握している。

幕藩官僚制における任免権の実態については、なお今後の研究を待たねばならない点も多いが、将軍の持った任命権の特質は、特定の「職」に任じられたときに提出された誓紙によく現れている。

起請文前書

一今度町奉行仰せ付られ候、いよいよ公儀を重じ、御為第一に存じ奉り、御後闇《うしろぐらき》儀

これなく、万端精入御奉公仕るべく候、相定候外より金銀米銭・衣類・諸道具または酒肴其外何ニても一切受用仕るまじき事、

（六か条略）

右の条々一事たるといえども違犯においては、

罰文

年号月日

老中壱人

立合之大目付壱人

（「諸役誓詞前書」）

この起請文は、町奉行のものである。その第一条に「公儀を重じ」と「御為第一に存じ」の二つの規範が示されている。**表15**は幕府の主要な「職」の起請文に書かれていることの二つの文言の有無を示したものである。この表から、この二つの文言は「職」によって出入りがあるが、「御為第一」が幕府役人にとって最も重視された規範であったことが分かる。すなわち、幕藩官僚にとってこうした「御為第一」すなわち主人への奉公の重視・強制の背景には、「職」の任命者と登用されるものとのあいだにおける主従制が前提されていたのである。その意味で、幕藩官僚制は、近代の官僚制とは異なり、主従制的性格を

表15　起請文の規範文言

職　名	重公儀	御為第一	職　名	重公儀	御為第一
大坂城代	○	○	奈良奉行	○	○
高　家	○		駿河町奉行	○	○
奏者番	○	○	佐渡奉行	○	○
寺社奉行	○	○	大番頭		○
大坂定番		○	書院番頭	○	○
駿府城代		○	小姓組番頭	○	○
留守居	○	○	旗奉行		○
大目付	○	○	百人組頭	○	○
町奉行	○	○	鑓奉行	○	○
勘定奉行		○	持弓頭		○
作事奉行		○	持筒頭		○
普請奉行		○	火消役		○
甲州勤番	○	○	使　番	○	○
長崎奉行	○	○	小普請奉行	○	○
京都町奉行		○	小普請組支配	○	○
大坂町奉行	○	○	新番頭	○	○
駿府定番	○	○	留守居番		○
禁裏付		○	目　付	○	○
山田奉行		○	勘定吟味役	○	○
日光奉行	○	○			

注.「諸役誓詞前書」上（内閣文庫蔵）により作成。

強く持ったものといえよう。

しかし、荻生徂徠が八代将軍吉宗に呈した幕府政治についての意見書である『政談』のなかで、

当時誓紙ト云コト盛ニテ、御作法ノ様ニ成、役替ノ度々ニ誓紙ヲシ、駕籠ノ誓紙、又ハ病気ノ断リニ誓文状ヲ出スコト不宜事也、（中略）永キコトハ気弱ミ、失念モ有テ、誓紙ヲ破ル事有物ナル故、誓紙ハ一旦ノ事ニ可限、其上度々誓紙ヲスレバ、馴コニ成テ、神明ヲ畏ル、心薄クナル故、却テ偽ヲ教ル媒トナル也、

と、十八世紀初頭の誓紙をめぐる状況を描いているように、誓紙が形骸化していき、本来「御為第一」という文言に込められていた封建的主従制のエトスが失われつつあったことも事実である。

こうした状況は、諸藩でも現実のものとしてあった。仙台藩での一例をあげれば、万治三（一六六〇）年に藩主となった伊達綱村は、「職」の昇進にあたって年数による昇進については藩主への披露を要しないが、そうでない場合には事前に藩主に上申するように命じ、「職」の長による恣意を押さえ、藩主の任命権を確保する動きに出ている。

荻生徂徠が描いたような誓紙をめぐる状況や伊達綱村が見せた動きは、幕藩官僚制がその発展の過程でその資質を変化させ、自己完結的な行政装置化していくなかで、将軍や大名と対抗する側面が生じてきたことの反映でもあった。

4　幕藩官僚制の運用と人的再生産

合議制と月番制

幕藩官僚制における行政・裁判機構は、多くの場合その運営にあたって合議制と月番制とをとった。近代官僚制において各組織の長は単一であるのに対し、幕藩官僚制では同じ「職」に、先任や格式による差はあったものの同一権限を持つものが複数あり、それらのものが、相互に相談して政策や裁判を執行していた。江戸幕府における老中数名、寺社奉行三名から四名、町奉行二名、勘定奉行数名といった具合である。所司代・大坂城代などは幕政機構のなかでは特異なものである。

こうしたシステムは、一般に「職」にあるものの恣意を抑制し、将軍あるいは大名の意志を貫徹することを容易にするが、反面、責任の帰属を曖昧にすることに繋がるとされている。荻生徂徠が『政談』のなかで、当時ノ役割ニ此差別ナク、同役二人ニテモ三人四人ニテモ同格ナル故、互ヒニ相談シテ了簡ノ足ラヌ所ヲ助ルニハ能、又病気差合ノ節、間ノ欠ヌ為ニハ善レドモ、同役互ニ同格ナル故、互ニ心ヲ兼テ、一人立チ身ニ入タル勤自然ト無之、或ハ同役ニ捲レ、或ハ思々ニテ同役ノ間隔々ニナル、

と述べているのも、こうした問題点を指したものである。

幕藩官僚制機構を運営するうえでのもう一つの特徴である月番制は、同じ「職」にあるものが、一か月交替で日常的な政務を担当するシステムである。江戸幕府における月番制を、老中についてみておこう。

老中の月番制度は、寛永十一（一六三四）年に老中宛法度によって老中の職務を定めたときにその原形がある。酒井忠世・土井利勝・酒井忠勝の三人の老中が、一日から十五日、十五日から晦日、翌月の一日から十五日までと、順番に十五日ずつその屋敷において大名などの御用や訴訟を聞くことになった。この十五日当番制は、それまでの「何事も三人相談なくて成り申さず候由、はか参らず候」（寛永十一年三月五日付細川忠利披露状『細川家史料』）という状況を、「年寄衆御番ニ成り候て、少も御用つかへ申さず候」（寛永一年三月二十一日付細川忠利披露状『細川家史料』）という状態へと大きく転回させた。そして、翌年十

一月の将軍諸職直轄制への再編を契機に、この十五日当番制は文字どおり一月交替の月番制となった。そして、この月番制は、「六人衆」・寺社奉行・町奉行・勘定奉行・作事奉行・大目付などにも拡大適用されることとなった。

合議制・月番制の限定化

このように、月番制は、合議制の持つ行政上の遅延と無責任さを排除するのに一定程度役立った。だが、徂徠も述べているように、月番制は、それ自体が生み出す行政・裁判上の遅延、案件の先送り、訴訟人の側からの担当者選択、案件の増加、さらに政策上での系統性の必要といった新たな状況を生み出していく。そうしたなかで、合議制にも月番制にも一定の限定が付されるようになり、また客観的規範として法典の編纂が要請されていった。

寛文四（一六六四）年、従来老中奉書にはすべての老中の加判が必要とされていたものを、あまりに煩瑣であるとの理由から諸大名の御機嫌伺いや軽い献上物などの折には月番老中一人の判で出すようにした月番老中一判制が導入された。

また、職務の責任体制を強化する目的で、延宝八（一六八〇）年には堀田正俊に農政の専管が命じられ、さらに元禄十五（一七〇二）年に始まる酒造制限や宝永五（一七〇八）年の富士山降灰の処置など特定の用件を担当する「御用掛り」制が導入され、さらに享保七（一七二二）年以降、幕府財政の運営にあたる勝手掛り老中が恒常的に任命されるようになるなど、徐々に合議制と月番制とに制限が加えられていった。享保六年の勘定所における勝手方と公事方の分離とそれにともなう勘定奉行・勘定吟味役の二分と一年交替での専管体制の成立もまた、合議制・月番制そのものを限定するものではないが、同様の動きのなかに位置づけられよう。

さらに、八代将軍徳川吉宗のもとで「公事方御定書」「御触書寛保集成」「享保撰要類従」などの法典が編纂され、法規範が定められることで、行政・裁判の運営の迅速化と客観化とがはかられた。

昇進の世界

福沢諭吉が、その著作である『旧藩情』のなかで、

下等士族は何等の功績あるも何等の才力を抱くも決して上等の席に昇進するを許さず、稀に祐筆などより立身して小姓組に入たる例もなきに非ざれども、治世二百五十年の間、三、五名に過ぎず、故に下等士族は其下等中の黜陟《ちゆつちよく》に心を関して昇進を求れども、

上等に入るの念は固より之を断絶して、其趣は走獣敢て飛鳥の便利を企望せざる者の如し、

と述べたように、一般的に幕藩官僚制の昇進については、家格や身分に縛られ、きわめて閉鎖的なものと考えられている。しかし、福沢が言うほど幕藩官僚制における昇進の世界は閉鎖的であったのであろうか。

幕府においては、御目見以下の御家人が就いた鳥見・天主番・支配勘定・徒目付・火之番といった「職」にあったものが、御目見以上の旗本が就いた「職」である勘定や代官に昇進した例は数多くあり、久須見祐明のように支配勘定の見習となったのを皮切りに、評定所留役・勘定・町奉行吟味物調役・寺社奉行吟味物調役・勘定組頭格・西丸御納戸頭・納戸頭・佐渡奉行・小普請奉行・大坂町奉行を経て、最終的には勘定奉行になったものもいる。

御目見以下の支配勘定の身分から諸大夫身分の勘定奉行まで昇進した久須見のような例は、幕府においても数少ないものであるが、たとえば支配勘定を初任職とした御家人で、勘定・代官・遠国奉行となったものの数は多く、御目見以下と以上とのあいだに昇進という点での断絶をみることはできない。この点については、次章で詳しくみることにしたい。

幕藩官僚制における昇進制にあっては、昇進したものの「職」やそれにともなう知行や俸禄が、家督を継承したものの初任職や知行・俸禄を規定するという、近代の官僚制にはみられない特徴がある。たとえば、幕府において支配勘定を初任職とし勘定を経て勘定組頭に昇進したものの子の初任職は、御目見以上の勘定もしくは小十人組の番士であったし、遠国奉行や勘定奉行に昇進したものの嗣子は大番士や書院番士となった。このようにある人物が一定の昇進を遂げた場合、その子は、父親の初任職を自らの初任職とするのではなく、父親の最終職に対応した、より高い職を初任職とした。

藩においてもこうした事例は容易に求められる。譜代大名酒井氏小浜藩において、寛永十五（一六三八）年に知行五十石で召し抱えられた田村吉右衛門の初任職は馬廻、のち五十石の加増を得て代官、さらに大目付（一五〇石）となり、延宝七（一六七九）年死去、その子清経は一五〇石を相続、京都屋敷加番役を勤め宝永四（一七〇七）年に死去、その子清定は一三〇石を相続、宝永六年大目付を初任職に、普請奉行（一五〇石）、敦賀町奉行（一八〇石）、大坂用人（二〇〇石）、江戸用人（二五〇石）となり享保七（一七二二）年に死去、その子清成は、一七〇石を相続、京都加番役、徒頭役、京都大目付、高浜町奉行（一八〇石）、近習頭となっている。このように、数世代にわたった昇進の仕方を眺めると、昇進上の制約は必ずしも動かし難いものではないことが分かる。

表16　小浜藩における家臣１世代中の知行変動（単位：人）

藩主＼項目	忠勝 1634 -1656	忠直 1656 -1682	忠隆 1682 -1686	忠囿 1686 -1706	忠音 1706 -1735	忠存 1735 -1740	忠用 1740 -1757	忠与 1757 -1762	忠貫 1762 -1774	計
増加	77	60	8	55	109	29	56	14	22	430
維持	97	95	16	71	123	24	64	50	64	604
減少		2		1	7	1	2	2		15
計	174	157	24	127	239	54	122	66	86	1049

注.「安永三年小浜藩家臣由緒書」（酒井家文庫）により作成。

表16は、小浜藩における寛永十一年から安永四（一七七四）年までの一四〇年間のあいだに家臣が知行高をその世代中に変化させたか否かをその人数で示したものである。この表から、藩主のいかんにかかわらず、家督を相続した知行取家臣のうち知行高を増したものがかなりの程度いることが分かる。その動向を全体としてみれば、家督を相続した知行取家臣の延べ数は改易されたものを含め一〇四九人にのぼるが、そのうち四三〇人（四〇・九％）が少なくとも一度は加増されている。この事実は、小浜藩における加増の大半が「職」の昇進にともなうものであったことを考えれば、多くのものが家督の地位にあったあいだに昇進したことを意味している。すなわち、昇進制は、幕藩官僚制のなかにあって特異なものではなく構造的に組み込まれたものであったといえよう。

戸田茂睡が、その著である『御当代記』のなかで、

厳有院（徳川家綱）様御代には御奉公を仕、いかようなる御役にても

いたし候て、先祖子孫への面目にせんとかせぎ候、

と述べているのは、少なくとも十七世紀後半にはこうした状況がごく一般的であったことを物語るものである。

すなわち、幕藩官僚制の昇進制は、さまざまな制約をもちつつも、昇進とそれにともなう加増とによって武士のエネルギーを引き出し、幕藩官僚制機構を生きた運動体たらしめるための大きな要素であった。

役料制の導入

幕藩官僚制における「職」は、基本的には世襲されることはなかった。一方、「職」の昇進は、一般的には知行の増加に連動した。そしてその知行が世襲されるとき、それを賄うべき幕府なり藩なりの財政は肥大化していき、最終的には破綻することになる。この財政の肥大化に対処するために幕藩権力が採った方策の一つが、足高制をも含めた役料《やくりょう》制であり、もう一つが世滅制であった。

幕府は、寛永十九（一六四二）年、「御番御奉公致し候ニも、御目見いたし候ニも、又幼少ニて御目見仕まつらず候ニも、実子の分、中分これなきには、跡職残らず下され候事」

（『徳川禁令考』前集）と定めたことによって家禄を減らすことを原則的に放棄し、死去時の家禄を相続者がそのまま受け継ぐ世禄制を採用した。この世禄制の採用によって幕府は、相続時に家禄を削減し、それをもって昇進にともなう加増によって生じる財政負担を賄うことはできなくなった。そうしたなかで「職」に就いたものの財政負担を軽減するとともに、財政の肥大化を抑えるために、幕府は、役料制を導入した。

寛文五（一六六五）年、幕府は、大番頭・書院番頭・小姓組番頭など番方の職を中心に、また翌年には留守居・大目付・町奉行・勘定奉行など主として役方の職について、**表17**に示したように役料の支給を決めた。その後、役料支給の対象は、勘定組頭、天守・宝蔵などの番頭に拡大されていった。この役料の支給は、「職」に就くことにともなう支出の増大に応えるものであったが、より本質的には職務の遂行が、将軍よりの知行なり俸禄なりに対する奉公としてなされるというこれまでの職務遂行の原則に変更を迫るものであった。

この役料制は、天和二（一六八二）年に綱吉政権のもとで役料を知行に加えるかたちでいったん消滅させられ、職務遂行の原理が知行に対する奉公へと戻された。だが、こうした状態は長くは続かず、元禄二（一六八九）年から元禄五年にかけて役料制は復活させられた。このときの役料制は、寛文期の役料制をそのまま復活させたのではなく、それぞれの「職」に基準の高を設け、その高に満たないものにのみ役料を支給するというものであ

表17　寛文期の役料一覧

寛文5年3月18日				寛文6年7月21日			
職　名	役料（俵）	人数	計（俵）	職　名	役料（俵）	人数	計（俵）
大番頭	2,000	12	24,000	留守居	2,000	4	8,000
書院番頭	1,000	10	10,000	大目付	1,000	3	3,000
小姓組番頭	1,000	10	10,000	町奉行	1,000	2	2,000
新番頭	700	6	4,200	勘定頭	700	3	2,100
百人組之頭	700	4	2,800	作事奉行	700	2	1,400
書院番組頭	500	10	5,000	旗奉行	700	2	1,400
小姓組番組頭	500	10	5,000	留守居番	500	5	2,500
持弓頭	500	3	1,500	鑓奉行	500	3	1,500
持筒頭	500	4	2,000	普請奉行	500	3	1,500
弓　頭	500	10	5,000	納戸番頭	400	4	1,600
鉄砲頭	500	24	12,000	腰物奉行頭	400	1	400
目　付	500	12	6,000	船手頭	400	7	2,800
使　役	500	23	11,500	西丸留守居番	400	4	1,600
歩行頭	500	20	10,000	田付四郎兵	300	1	300
小十人頭	500	10	5,000	新番組頭	300	6	1,800
				大番組頭	200	48	9,600
				二丸留守居番	300	6	1,800
				納戸組頭	100	12	1,200
				小十人組頭	100	20	2,000
				裏門番頭	200	8	1,600
				広敷番頭	200	10	2,000
合計		168	114,000	合計		154	50,100

注.「江戸幕府日記」により作成。

ったが、その対象は、勘定奉行・勘定吟味役・納戸頭など役方の「職」を中心に、かつ個別限定的になされたものであった。

そして、享保八（一七二三）年、吉宗は、この役料制をより合理化したいわゆる足高制を定めた。この制度は、「職」への就任時にそのものの知行高が、それぞれの「職」に対して定められた基準高に満たない場合、その不足分を足高として与え、その「職」を離れれば原則としてその足高は召し上げるというものであった。表18は、その主なものについて示したものである。この制度の実施によって、「職」の昇進と世禄制とが結びつくことで引き起こされる財政の肥大化をかなりの程度阻止しえたのである。

こうした役料制の導入は、諸藩でも同様になされたものであり、一例を上げれば、熊本藩では延宝三（一六七五）年に低い知行のものが重職に就いたときには、役料を支給することになった。

表18　享保８年の足高一覧

（単位：石）

職　名	基準高
留守居	5,000
大番頭	5,000
書院番頭	4,000
小姓組番頭	4,000
大目付	3,000
町奉行	3,000
勘定奉行	3,000
旗奉行	2,000
百人組之頭	3,000
鑓奉行	2,000
持弓持筒頭	1,500
新番頭	2,000
作事奉行	2,000
普請奉行	2,000
弓鉄砲頭	1,500
目　付	1,000
使　番	1,000
書院番組頭	1,000
小姓組番組頭	1,000
徒　頭	1,000
小十人頭	1,000
納戸頭	700
腰物奉行	700
船手頭	700
新番組頭	600
大番組頭	600
小十人組頭	300

注.『御触書寛保集成』により作成。

家禄を減じる世減制

諸藩のなかにも、幕府と同様、役料制や足高利を採用するものも多くみられたが、昇進による財政の肥大化への対処として世減制を採る藩も少なくなかった。

世減制とは、家督相続にあたって家禄を減少する相続制度であり、仙台藩のように藩によっては勲功による知行と役目による知行とを区別し、前者はそのまま相続させ後者のみを世減制の対象とするものや、熊本藩のように藩の成立時などある特定の時期以前に召し抱えられた家臣については世禄制とするなど、その運用には多様な形態があった。

世減制を採った藩の一例として、寛永十一（一六三四）年に成立した十一万石（寛永十二年十二万石、寛文八年十一万石、天和二年十万石と変遷）の譜代大名である酒井氏小浜藩の取り上げることにしよう。**表19**に示したように、安永三（一七七四）年の時点で小浜藩の家臣であった家についてみると、藩の成立した寛永十一年からこの時点までの約一四〇年間のあいだに家督を相続した家臣の単純合計は八〇〇名であり、そのうち、家督相続時に加増されたものが二名（この二名はいずれも家督を相続する以前に藩主から一定の知行をえていた）、一九六名が家禄を維持し、六〇二名が家禄を減少させている。すなわち家督の相続時に家禄を減らされた家臣は、全体の七五・三％にも及んでおり、小浜藩が世減制を採用していたことが確認される。世減の率は、必ずしも一定していないが、多くの場合、二

表19　小浜藩家臣の相続時における家禄の変動

藩主／項目	忠勝 1634-1656	忠直 1656-1682	忠隆 1682-1686	忠囿 1686-1706	忠音 1706-1735	忠存 1735-1740	忠用 1740-1757	忠与 1757-1762	忠貫 1762-1774	計
増加	1	1								2
維持	5	46	8	34	51	12	18	9	13	196
減少	42	66	13	66	163	29	101	56	66	602
計	48	113	21	100	214	41	119	65	79	800

注.「安永三年小浜藩家臣由緒書」（酒井家文庫）により作成。

〜三割程度であった。

さらに注目すべき点は、小浜藩において世減制が採られるようになったのは、財政窮乏が始まって後のことではなく、「職」が形成された寛永十年代に早くも始まっていることである。この点は、外様藩である熊本藩では当初は特定の「職」に就くことで得た加増分についても相続の対象とされていたが、十七世紀の末にはこうした高は相続の対象から除外されるようになりはじめ、十八世紀の半ばには世減制が定着していったのとは様相を異にしている。ともあれ、この世減制が、封建主従制にともなった家督としての家禄と幕藩官僚制の昇進制とによる加増とが生み出す財政上の矛盾を解消する役割を担ったことだけは確かである。

ところが、鎌田浩氏が「近世中期以降は次第に相続保障が高まり、世禄制が一般的となり、藩によっては知行の家産化現象さえ見られるようになる」と述べているように、時代が下がるにつれて、世減制の実施が困難となっていき、世減制が幕藩官僚制を再生産するために果たしていた重要な機能を麻痺させていった。こうした事態がなにゆえに進行していったのかについては別に考察せねばならないが、福沢諭吉が『旧藩情』で描いたのは、まさにこうした状況であったと思われる。

Ⅳ章　十七世紀中葉の幕府官僚たち

1　寛文四年の大名・旗本

寛文四年という年

江戸時代の武家社会は、しばしば家格・格式に縛られたかなり窮屈な社会であり、昇進もほとんど期待できない世界であるといわれてきた。本当にそうなのか、たとえそうであってもその具体的な姿はどのようなものであったのか。ここでは、幕府官僚の中心をなす旗本層をとりあげることで、こうした世界を具体的に描き、これまでの武家社会についてのイメージを再検討してみたい。

対象とする時期を十七世紀中葉、基準年を寛文四（一六六四）年とする。十七世紀中葉は、研究史上、幕藩制社会が確立したといわれる時期である。また寛文四年という年は、慶安四（一六五一）年に幼少の身で四代将軍となった徳川家綱が、一万石以上の大名を対象に領知を安堵する領知宛行状を一斉に発給した年である。家綱以前にも、元和三（一六一七）年・寛永二（一六二五）年・三年には二代将軍秀忠が、寛永十一年には三代将軍家光が領知朱印状を発給している。しかし、秀忠のそれは、すべての大名を対象としたものではなく、かつ多くの旗本をもその対象とした。家光の場合には、一万石以上ではなく五万石以上の大名に加えて城持《しろもち》の大名を対象としたもので、かつ大名のなかにはこのときに領知宛行状の発給を受けていないものが少なからずみられる。その意味で、全大名を対象とする後年の朱印改めと比較するとき、秀忠・家光の朱印改めは不十分なものであり、家綱による一万石以上の大名を対象とした領知宛行状の一斉発給は、江戸時代の武家社会の確立を象徴する出来事であるといえる。

寛文四年を規準年としたのは、主として上記の理由によるが、Ⅲ章で述べたように、幕末までその骨格をなす老中・若年寄を核とする幕政機構が確立したのが二年前の寛文二年のことであったことも、念頭にあってのことである。

『寛政重修諸家譜』

ここでは、十七世紀中葉の旗本を中心とした幕府官僚の世界を描くために、江戸幕府が

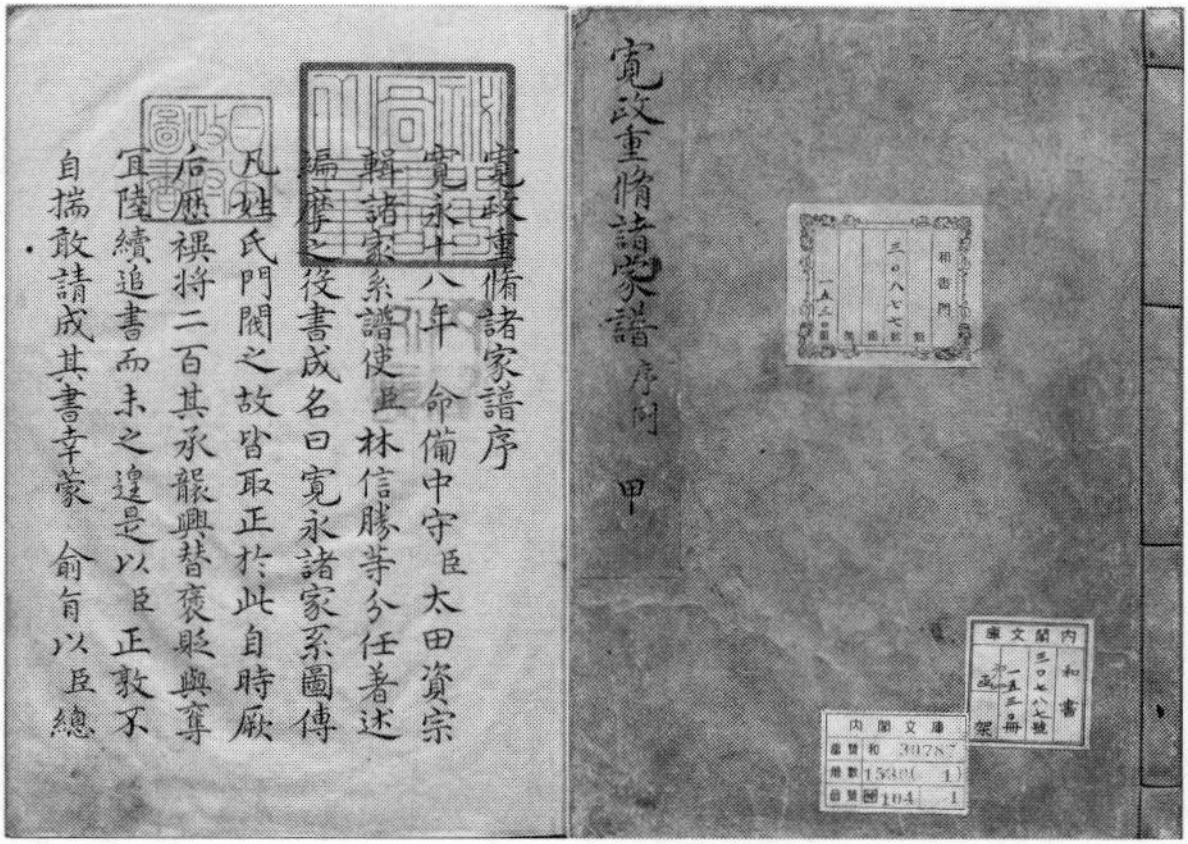

『寛政重修諸家譜』（内閣文庫蔵）

編纂した『寛政重修諸家譜《かんせいちょうしゅうしょかふ》』を用いることにする。一五二〇巻からなるこの書は、堀田正敦を総裁とし、大学頭林述斎の指導のもとに、江戸時代後期の文化九（一八一二）年に完成したものである。

収録の対象は、「拝謁以上の士」すなわち御目見以上の旗本・大名、記載の下限を寛政十（一七九八）年とし、大名・旗本から差出されたそれぞれの家の譜にもとづきながらも、寛永以降は幕府史料で校訂し、かつ断絶した家であっても二代以上続いた家は載せている。また御目見以下の御家人のうち三代将軍家光のときに編纂された『寛永諸家《かんえいしょか》系図《けいず》伝《でん》』に載せる「天守番・御宝蔵番・御土蔵番のたぐひ」は収録している。ただし、尾張・

紀伊・水戸の御三家、田安・清水・一橋の御三卿、越前松平家などの一門は載せていない。

内容は、家ごとに系図を載せ、系図に載せられた人物ごとに、母氏・生誕・養子・初見・元服・賜号・婚姻・官爵・班次・襲封・領知・秩禄・入部・職掌・軍旅・公役・恩賞・罪科・慰問・進献・嘉言・善行・致仕・卒去・年齢・法名・葬地・妻室について、明らかとなるかぎりを記載している。

記載記事については、幕府創業前後についてはしばしば誤りもみられるが、ここで対象とする寛文期前後の記事については、この時点でよほど高齢の人物を除けばほぼ信頼できるものである。

幕府家臣団の概要

まず『寛政重修諸家譜』によって大名も含めた幕府家臣団の概要をみておこう。『寛政重修諸家譜』に掲載されている家数は**表20**に示したように、全部で六三五四家にのぼる。このうち、甲府系の家が六六八家（一〇・五%）、館林系の家が四六六家（七・三%）、紀州系の家が一四七家（二・三%）を占める。三代将軍徳川家光の次男綱重は、甲府藩主となり江戸において桜田に屋敷を拝領した。その子の綱豊は六代将軍となり、家宣を名乗るが、この将軍家相続にあたって甲府藩は解消され、その家臣たちは幕臣団に吸収される。これがここでいうところの甲府系の家々である。館林系の家とは、家光の四男で館林藩主となった綱吉が将軍家を相続するにあたり、家を解消し、その家臣を幕臣としたことで成立した家々である。紀州系の家は、八代将軍となる吉宗が紀州藩より将軍家相続にあたり紀州より伴い幕臣とした家々である。

『寛政重修諸家譜』に載せられた六三五四家のうち、寛政十(一七九八)年までに断絶した家は二四五家(全体の三・九%)ある。また、御家人から旗本に上昇した家は一一五七家あり、全体の一八・二%を占める。このように全体の二割近い家が御目見以下の御家人から御目見以上の旗本に上昇している。この事実は、家格の閉鎖性を強調してきた従来の通説に変更をせまるものである。なお、『寛政重修諸家譜』には寛政期にいたっても御家人のままの家が十九家収録されている。

表20 『寛政重修諸家譜』収載の家

区　分	家　数	百分比
甲府系	668	10.5%
館林系	466	7.3%
紀州系	147	2.3%
以　外	5073	79.8%
合　計	6354	100.0%

注. 百分比の小数点以下は四捨五入。

寛文四年の大名

この章では、旗本を中心に幕府官僚の世界を描くことになるが、それに先立って幕府役職の観点に即してこの年の大名について少し述べておくことにする。

この年一月一日の時点での大名数は、二二五人である。このなかには、『寛政重修諸家譜』に収録されていない一門の大名も含まれている。**表21**に示したように、一門・譜代・外様という区分でみれば、一門大名が十二人、譜代大名が一一三人、外様大名が一〇〇人である。

表21　寛文４年の大名数（単位：人）

領知高	一門	譜代	外様	合計
50万石以上	3		4	7
20〜	5	1	12	18
10〜	3	15（1）	7	25
5〜	1	24（3）	18	43
3〜		20（5）	12	32
2〜		21（6）	16	37
1〜		32（10）	31	63
合計	12	113（22）	100	225

注.（　）内は在職者の数。

このうち、一門と外様は幕府役職には就いていない。では、残るすべての譜代大名が職に就いていたのかというとそうではない。老中は酒井忠清・阿部忠秋・久世広之の三人、若年寄は土屋数直・土井利房の二人、所司代は牧野親成、大坂城代は青山宗俊、寺社奉行は井上正利一人、奏者番は青山幸利・松平忠晴・太田資宗・酒井忠能・大河内正信の五人、大坂定番は板倉重矩・渡辺吉綱の二人、奏者の水野元綱、詰衆・詰衆並の堀直景・土井利直の二人、小姓の毛利元知、関東郡奉行の片桐貞昌、上方郡奉行の小出吉親、今切船渡奉行の建部政長と、全部合せても二十二人であり譜代大名全体の一九・五％に過ぎない。この割合は、旗本が職に就く比率と比較すると譜代大名に限ってみても格段に低い。また、**表21**から在職者の領知高との関係をみると、高の多いものには在職者は少なく、高の低いものほど在職率は高いという傾向を読み取ることができる。

しかし、寛文四（一六六四）年の時点で幕府の職に就いていたものは二十二人に過ぎないものの、譜代大名一一三人のうち五十三人が一生のうち一度は職に就いており、四六・九%の譜代大名が職に就いている。さらに、職に就いた経験のない大名六十人のうち四十人についてはその親あるいは子が職に就いており、これらを加えると職に就く比率は八〇%を超えかなり高いものとなり、譜代大名の幕府職制上における役割は大きなものがあり、幕府職制上の大きな特質といえよう。

寛文四年の旗本

さて、基準年として選んだ寛文四（一六六四）年の旗本の状況をみてみよう。この年の一月一日における旗本数は三二七三人である。また、御家人も一部のものではあるが四二七人を知ることができる。ちなみに寛政年間の旗本数は約五二〇〇人であり、一代で絶家したものを考慮しなければならないが、約一五〇年のあいだに二〇〇〇人近い増加がみられる。なお、『寛政重修諸家譜』には、役職就任や領知拝領の年月を明記していないものがしばしばみられるが、統計処理するために、前後の年数や関係将軍名によって適宜おおよその年を推定した。そのため以後に示す数値には若干の誤差が生じている。

表22 寛文4年の旗本

項　目	人数	在職	在職率
当　主	2803	2336	83.3%
部屋住	470	467	99.4%
合　計	3273	2803	85.6%

表22に示したように、旗本三二七三人のうち、二八〇三人は家の当主、残る四七〇人はなお一家を立てずに部屋住の身分で奉公している。在職の様子をみると、三二七三人のうち在職のものは二八〇三人、全体の八五・六%と先にあげた大名と比較してきわめて高い在職率である。在職率を当主と部屋住について比較すると、当主は二八〇三人のうち二三三六人、八三・三%、部屋住は四七〇人のうち四六七人、九九・四%が在職している。部屋住の在職率が高いのは召し出しの事情からして当然であろう。職に就いていない当主四六七人についてみると、寛文四年以前あるいは以後に職に就いたものは三二六人、いずれの時期にも就かなかったものが一四一人おり、職に就かなかったものの占める比率は全体の四・三%に過ぎない。

また、この時点で幕府の職に就いている旗本の人数二八〇三人（当主の数と同数であるが別のものである）のうち四六七人は部屋住であり、在職者全体の一六・六%を占める。こうした知行を得ずに部屋住の身分で奉公する状況は十八世紀後半以降にもみられるが、その割合はかなり高いものがあり、幕府直臣団の拡大がはかられたこの時期の特徴といえよう。

さらに、旗本三二七三人のうち三〇・〇%にあたる九四九人、当主二八〇三人のうち三二・〇%にあたる八九八人がその家の祖であり、この時期に大量の旗本の家が創出されたことが知られる。この大量創出の大半は、大名・旗本からの分家によって占められている。なお、四七〇人の部屋住のうち四一九人は寛文四年以降に家を相続し、五十一人がのちに知行や俸禄を得て家を興している。

寛文四年の時点で『寛政重修諸家譜』に載せられた家で御家人の出自を持つ家は四二四家、そのうち寛文四年の時点ですでに御家人から旗本に上昇した家は四家、その後その世代のうちに御家人から旗本に家格を上昇させた家は四十一家ある。残る三七九家は、その後の世代において旗本へと家格を上昇させることになる。

旗本の知行・俸禄

職の世界に入るまえに、寛文四（一六六四）年における旗本の知行の様子をみておこう。旗本の知行の形態は、単一ではない。細かく分ければ、村々において知行をもらう地方《じかた》知行、幕府の蔵から知行高の三五%にあたる米を受け取る蔵米《くらまい》知行、この両者が混在するもの、地方知行に一日五合の割合で受け取る扶持米《ふちまい》との組み合わせ、蔵米と扶持米との組

表23　旗本知行高構成

高	知行	蔵米	知蔵	蔵扶	計	高概数
100	2	1		70	73	3650
100	21	52	7	100	180	18000
200	142	335	30	11	518	103600
300	147	320	26	2	495	148500
400	155	35	22	4	216	86400
500	192	34	21	1	248	124000
600	45	19	24	1	89	53400
700	78	7	31	1	117	81900
800	22	2	18		42	33600
900	17		7		24	21600
1000	125	18	31		174	174000
1200	69		7		76	91200
1500	58	3	5		66	99000
2000	74	5	6		85	170000
2500	31		3		34	85000
3000	78	4	7		89	267000
4000	29				29	116000
5000	59	1		1	61	305000
6000	15				15	90000
7000	9	1	2		12	84000
8000	6	1			7	56000
9000	1	1			2	18000
合計	1375	839	247	191	2652	2229850

注.「知行」は地方知行、「蔵米」は蔵米知行、「知蔵」は地方知行と蔵米知行の混在、「蔵扶」は蔵米知行と扶持米の意である。ただし、「蔵扶」には地方知行と扶持米、扶持米のみのものが若干であるが含まれている。なおこの表では現米のみのもの、不明のものは除いた。

み合せ、扶持米のみ、現米のみなどに分けられる。

表23は、こうした知行形態とその人数・比率を寛文四（一六六四）年について示したものである。この表では、わずかにみられる現米取は省略してある。また、**表23**には蔵米、扶持米を知行高に換算して示したが、換算基準は蔵米一〇〇俵＝知行高一〇〇石、扶持米十人扶持＝知行高五十石である。前者の根拠は、蔵米知行が地方知行へと改められる場合に幕府においてとられた基準である。後者については、一人扶持は一日米五合の基準からすれば、十人扶持は、十人扶持×〇・〇〇五石×三五〇日＝一七・五石となり、これを幕府の一般的な三斗五升俵に直せば五十俵となることによる。

表24　旗本の知行形態

種　類	人数	比　率
地方知行	1375	51.8%
蔵米知行	839	31.6%
地方＋蔵米	247	9.3%
蔵米＋扶持米	191	7.2%
合　計	2652	100.0%

注．比率の小数点以下は四捨五入。

表24に示したように、旗本の知行形態は、約半分の五一・八％が地方知行、約三分の一の三一・六％が蔵米知行、九・三％が地方知行と蔵米知行の混在、七・二％が蔵米知行と扶持米の混在ということになる。

また、地方知行は全階層にみられるが、知行高の低いものほど地方知行の比率は低く、一二〇〇石以上ではほとんどが地方知行である。蔵米知行は、二〇〇俵三〇〇俵に集中し、蔵米知行全体の七八・二％を占め、かつ五〇〇俵以下で全体の八九・一％を占め、この階層の主要な知行形態であることがうかがえる。地方知行と蔵米知行の両者を与えられているものは、二〇〇石から一〇〇〇石に比較的均等に分布し、一〇〇〇石以下で八七・九％を占め、蔵米知行よりはどちらかといえば上位のものが対象となっている。蔵米知行に扶持米を合せて給されているものは、一〇〇石二〇〇石層に集中的にみられ、それ以上の階層においては扶持米による知行はほとんどみられず、低い知行高のものへの主要な知行形態であることが分かる。

2　寛文四年「職」の世界

弘化二年と寛文四年の職制

表25は、寛文四（一六六四）年の時点で江戸幕府の職制がどの程度完成していたかを検討するために、幕末弘化二（一八四五）年ころに成立した「吏徴《りちょう》」の記載を規準に作成したものである。「吏徴」の編纂者は、幕府の奥右筆を勤めた向山誠斎である。**表25**の職名の欄は、「吏徴」に記載された「御目見以上」すなわち旗本が就く職名を広敷番頭など大奥関係のものを除いてほぼすべてを拾い上げたものである。ただし、書院番や小姓組のように本丸と西丸とに分かれたものについては一つのものとして扱った。また、職名の欄で

一字下げた職名はその上位の職によって支配されていること、一例を示せば、駿府勤番組頭は駿府城代の下にあったことを示している。さらに、職名の次の欄には、弘化二年時点での各職の定数を、その次の欄には寛文四年時点での現員を示した。

旗本の職について検討するまえに、将軍に直結する大名役について触れておくと、老中・所司代・大坂城代・若年寄・寺社奉行・奏者番・大坂定番の各職は寛文四年の時点に成立しており、唯一この時点にみえないのは延宝八（一六八〇）年に設けられた側用人のみである。この側用人も八代将軍吉宗のときにいったん廃止され、その後復活するが必ずしも恒常的な職ではない。

表25によれば、弘化二年時点での旗本が就いた職の数は一四七、そのうち一〇六、全体の七二・一％の職が寛文四年時点にはすでにみられ、三十一の職が新たに成立している。新たに成立した三十一の職の内訳をみると、老中支配では寛文八年に京都町奉行が、天和二（一六八二）年に勘定吟味役が、元禄十三（一七〇〇）年に日光奉行が、享保五（一七二〇）年に浦賀奉行と小普請組支配が、享保九年に甲府勤番支配が、享保十四年に御三家家老が、天保十四（一八四三）年に新潟奉行が、若年寄支配の職では、貞享元（一六八四）年に天文方が、貞享二年に小普請奉行が、元禄二年に奥右筆・表右筆組頭が、元禄四年に大学頭が、元禄七年に西丸留守居が、享保元年に御休息御庭物《にわもの》支配が、天明八（一七八八）

〈若年寄支配〉		
書院番頭	10	10
書院番	500	470
小姓組番頭	10	11
小姓組	500	438
林大学頭	1	＊
学問所勤番組頭	2	＊
小普請奉行	2	△
小普請方	5	9
小普請方改役	4	＊
西丸留守居	4	△
百人組頭	4	4
新番頭	6	6
新番組頭	8	5
新　番	160	86
持　頭	7	7
火消役	10	8
小　姓	28	17
中奥小姓	25	10
先　手	34	30
目　付	16	17
使　番	46	24
書院番組頭	10	8
小姓組組頭	10	12
西丸裏門番頭	4	1
鉄砲方	1	1
徒　頭	20	21
小十人頭	11	8
小十人組頭	22	20
小十人	24	188
小納戸頭取	4	1
小納戸	192	18
船　手	5	5
二丸留守居	6	6
納戸頭	4	2
納戸組頭	8	11
納　戸	40	53
腰物奉行	2	1
腰物方	24	18
中奥番	17	12

鷹匠頭	1	11
鷹匠組頭	4	＊
鷹　匠	44	44
奥右筆組頭	3	＊
表右筆組頭		＊
膳奉行	6	6
書物奉行	4	
賄　頭	5	1
奥右筆	29	26
奥右筆留物方	11	＊
表右筆	42	△
細工頭	3	6
材木石奉行	3	7
膳所台所頭	10	3
儒　者	5	3
御休息御庭者支配	2	＊
鳥見組頭	2	1
寄場奉行	1	＊
番　医	28	17
医　者	?	30
典薬頭	1	1
天文方	3	＊
同朋頭	5	2
数寄屋頭	3	＊
同　朋	7	3
馬　預	?	9
馬　方	?	3
〈寺社奉行支配〉		
寺社奉行吟味物調役	4	＊
〈大坂定番〉		
大坂鉄砲奉行	2	1
大坂弓奉行	2	1
大坂破損奉行	3	1
大坂具足奉行	2	2

注．＊は新設、△はその前史の職があるもの。

弘化２年は「吏徴」、寛文４年は『寛政重修諸家譜』に拠った。仙洞付・女院付、広敷・御簾中様・御姫様関係は省略した。

表25　弘化２年（1845）寛文４年（1664）の幕府職制

職　　名	弘化２年	寛文４年
〈老中支配〉		
高　家	16	9
側	7	2
駿府城代	1	1
駿府勤番組頭	1	*
駿府武具奉行	1	*
伏見奉行	1	2
留守居	5	5
裏門切手番頭	6	5
西丸切手門番頭	6	*
鉄砲玉薬奉行	2	4
鉄砲箪笥奉行	2	4
弓矢鎗奉行	2	5
天守番頭	4	5
富士見宝蔵番頭	4	4
具足奉行	2	5
幕奉行	2	1
大番頭	12	13
大番組頭	48	48
大　番	600	606
御三家家老	6	△
大目付	4	3
町奉行	2	2
勘定奉行	4	2
美濃郡代	1	△
西国郡代	1	*
飛騨郡代	1	*
勘定組頭	10	8
代　官	50	75
書替奉行	2	2
蔵奉行	7	13
二条蔵奉行	2	2
大坂蔵奉行	2	3
金奉行	4	6
大坂金奉行	2	3
漆奉行	2	2
林奉行	2	*
川船改役	1	2

勘　定	223	36
旗奉行	3	2
作事奉行	2	2
畳奉行	3	1
大工頭	2	2
作事下奉行	8	*
普請奉行	2	3
普請方下奉行	2	*
甲府勤番支配	2	*
甲府勤番支配組頭	4	*
甲府勤番	200	*
長崎奉行	1	2
長崎奉行支配組頭	1	*
京都町奉行	2	△
大坂町奉行	2	2
駿府定番	1	1
禁裏付	2	2
禁裏賄頭	1	*
山田奉行	1	1
日光奉行	2	*
日光奉行支配組頭	4	*
奈良奉行	1	1
堺奉行	1	1
駿府町奉行	1	2
佐渡奉行	1	1
佐渡奉行支配組頭	2	*
新潟奉行	1	*
新潟奉行支配組頭	1	*
浦賀奉行	1	△
鎗奉行	4	3
千人頭	10	3
小普請組支配	8	△
小普請組支配組頭	4	*
大坂船手	1	1
留守居番	5	4
勘定吟味役	4	*
勘定吟味方改役	7	*
〈所司代支配〉		
二条門番頭	2	1
二条鉄砲奉行	1	1

年に奥右筆留物方が、寛政四（一七九二）年に寄場奉行が、寺社奉行支配では寛政三年に寺社奉行吟味物調役が設置されている。

このうち京都町奉行は、それまでの所司代、伏見奉行の職掌の一端を分離継承して成立したものであり、浦賀奉行は下田から浦賀への移転というかたちで成立したものである。また御三家家老も幕府職制に明確に位置づけられたのはこのときのことであるが、もともとなかったものではない。小普請組支配、小普請奉行、奥右筆・表右筆組頭は、新たな職掌というよりも、小普請組・右筆を統轄するために設けられたものである。このように後年成立した職のなかには、まったく新たな機能を担う職もあるが、従来の職の統合や移転といったものが多い。

老中や若年寄支配の職のさらに下位にある職については、駿府城代のもとに寛政二年設けられた駿府勤番組頭と駿府武具奉行、留守居のもとに宝永二（一七〇五）年設けられた西丸切手門番頭、勘定奉行のもとに宝暦九（一七五九）年設けられた美濃郡代と西国郡代、安永六（一七七七）年に設けられた飛驒郡代、貞享二年に設けられた林奉行、作事奉行のもとに享保三年設けられた作事下奉行、普請奉行のもとに明和五（一七六八）年に設けられた普請方下奉行、甲府勤番支配の成立にともなって設けられた甲府勤番支配組頭と甲府勤番、長崎奉行のもとに天保十四年設けられた長崎奉行支配組頭、禁裏付のもとに安永三年設けられた禁裏賄頭、日光奉行のもとに寛政三年設けられた日光奉行支配組頭、佐渡奉行のもとに宝暦八年設けられた佐渡奉行支配組頭、新潟奉行のもとに設置とともに設けられた新潟奉行支配組頭、小普請組支配のもとに延享三（一七四六）年に設けられた小普請組支配組頭、勘定吟味役のもとに明和四年に設けられた勘定吟味方改役、大学頭のもとに寛政十二年設けられた学問所勤番組頭、小普請奉行のもとに宝暦七年設けられた小普請方改役、鷹匠頭のもとに享保元年設けられた鷹匠組頭などがある。これらの職の大半はその上司となるものの職務を助けるための職である。

職の階層化は、その職の複雑化・多機能化を示すものであり無視しえないが、組織機構の枠組みという点からすれば、大きな変化とはいえない。こうした点からも寛文四年時点で幕府の職制はほぼ完成していたとみなしてよいだろう。

なお、姿が見えなくなった職には、道奉行（五人）、残物奉行（二人）、高槻蔵奉行（二人）、蔵奉行組頭（一人）、銭奉行（一人）、関東郡代（一人）、下田奉行（一人）、三崎奉行（一人）、荒井奉行（一人）、走水奉行（一人）、小金牧奉行（一人）があげられる。道奉行は、江戸市中の道と上水とを管理する職であり、万治二（一六五九）年に設けられたが、享保五年に二人に減員、明和五年には廃止され、職掌は町奉行の所轄となった。残物奉行については その職務内容も廃止された年もいまのところ分かっていない。高槻蔵奉行は、摂津高槻に置かれた蔵の職であるが、享保年間に大坂に統合され廃止された。関東郡代は世襲してきた伊奈氏が寛政四年に処罰され、しばらく勘定奉行が兼職するが、文化三（一八〇六）年に廃止された。下田奉行は先に述べたように浦賀奉行へと移された。三崎奉行・走水奉行は元禄九年に廃止され、勘定奉行の支配するところとなり、荒井奉行は元禄十五年に廃止され、三河吉田城主がその役を担うことになった。

寛文四年の主要な職

表26は、寛文四（一六六四）年の幕府職制における人数十人以上の職を上位から順にあげ、全体に占める割合を百分比で示したものである。後の叙述を助けるためにも、ここで主な職がどのようなものであったのかを述べ、その特徴に言及しておこう。

大番は、この当時十二組あり、各組は番頭一人（二十二位）、組頭四人（十位）、番士五十人で構成され、日常は江戸城西丸・二丸の守衛にあたるとともに、大坂城と京都二条城に一年交替で二組ずつ在番するのを任務とした。一位の大番はこの大番の番士のことである。

二位の書院番は、十組あり、各組は頭一人、組頭一人、番士五十人で構成された。日常の勤務は、江戸城虎之間と中雀門・上埋門の守衛、諸儀式での給仕、将軍出行の際の前後の警護、江戸市中の巡回であり、一年交替で一組ずつが駿府城の在番にあたった。三位の小姓組は、十組あり、各組は番頭一人、組頭一人、番士五十人で構成された。日常の勤務は、江戸城本丸の紅葉《もみじ》之間を詰所とし、将軍出行の際には将軍の身辺の警護にあたり、儀式に際しては給仕役を勤めた。なお、八位の進物役は、書院番・小姓組からの出役であり、大名らから将軍への進物を取り扱った。目付部屋の隣にある進物番所に詰め、重要な儀式には大紋長袴を着用した。

四位の小十人組は、十組あり、各組は頭一人、組頭二人、番士二十人で構成された。日常の勤務は、江戸城本丸桧の間に詰め四時間ごとに交替して勤番し、将軍の出行に際して

表26　寛文4年の幕府職制

順	職　名	人数	%
1	大　番	606	21.6
2	書院番	444	15.8
3	小姓組	416	14.8
4	小十人	188	6.7
5	新　番	86	3.1
6	代　官	75	2.7
7	鷹　匠	55	2.0
8	進物役	54	1.9
9	納　戸	53	1.9
10	大番組頭	48	1.7
11	医　者	47	1.7
12	勘　定	36	1.3
13	右　筆	26	0.9
14	腰物奉行	25	0.9
15	使番(使役)	24	0.9
16	先鉄砲頭	22	0.8
17	徒　頭	21	0.8
18	中奥小姓	21	0.8
19	小十人組頭	20	0.7
20	小　姓	9	0.6
21	小納戸	18	0.6
22	目　付	17	0.6
23	大番頭	13	0.5
24	蔵奉行	13	0.5
25	中奥番	13	0.5
26	小姓組組頭	12	0.4
27	小姓組番頭	11	0.4
28	納戸組頭	11	0.4
29	書院番頭	10	0.4
	その他	400	14.3
	合　計	2803	100.0

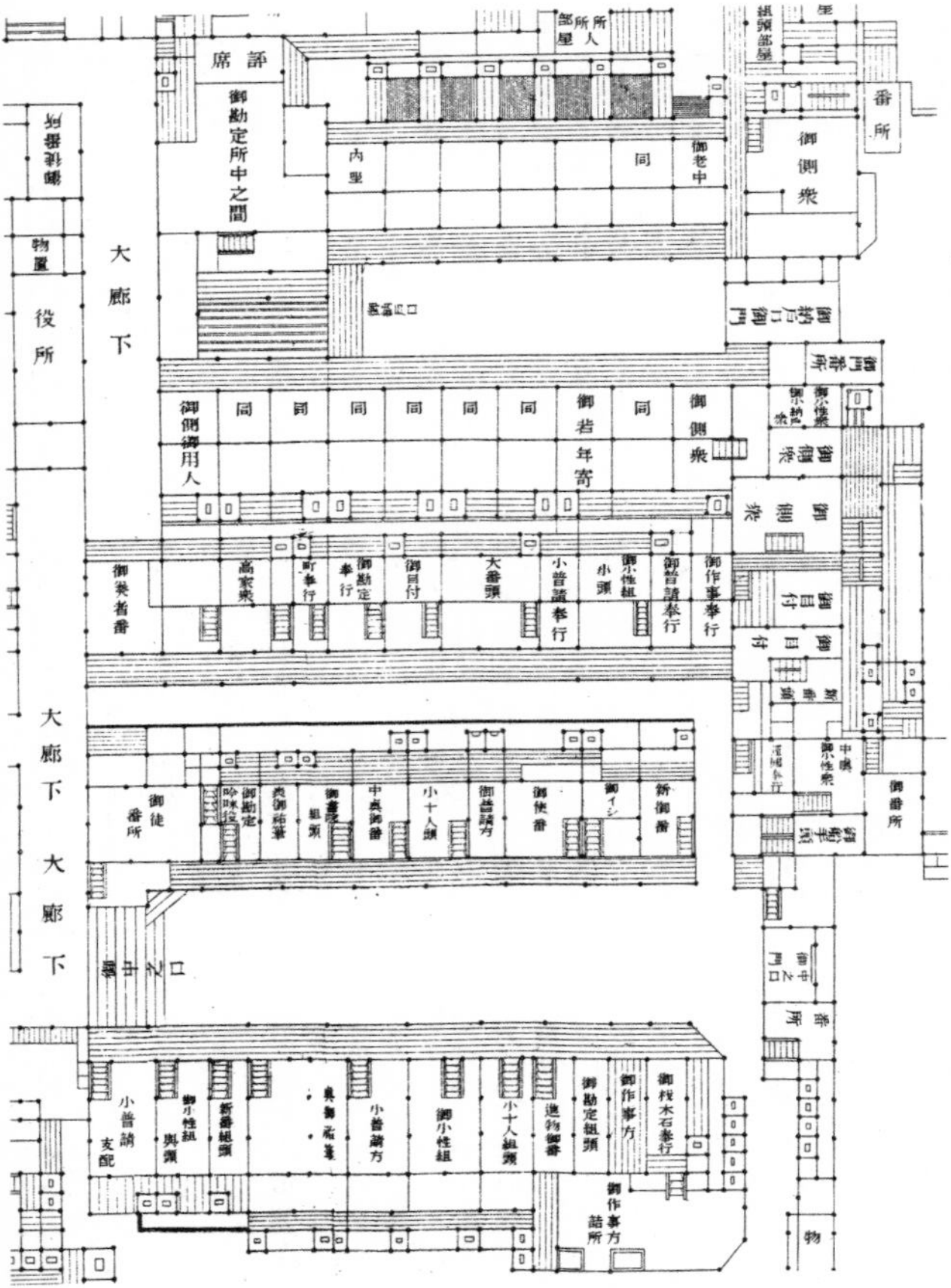

江戸城本丸内役人詰所（東京市史稿　皇城篇附図）

は前駆の役を勤めた。五位の新番は、六組あり、各組は頭一人、組頭一人、番士二十人で構成された。日常は、江戸城本丸表の最も奥まったところにある土圭《とけい》之間に詰め、将軍の出行、特に社参・霊屋への出行に前駆し、武器・馬の見分にあたった。

書院番と小姓組番とを合せて両番、それに大番を加えて三番、さらに新番・小十人組を加えて五番と称したが、寛文四年時点での大番の番士が、旗本の在職者に占める割合は二一・六%、両番を加えると五二・三%、さらに小十人組・新番を加えると、六二・一%を占め、その重要性を知ることができる。

六位の代官は、幕領支配を担う職であるが、この段階ではなお一部の代官は以降のように勘定奉行の支配下には入っておらず、また七十五人の代官のうち五十二人の父親の最終職が代官であり、さらにそのうちの三十三人が子もまた代官であったように、世襲の色合いの濃い職である。十二位の勘定は、勘定奉行・勘定組頭のもとで幕領の民治・財政・訴訟の職務にあたった。この段階では、訴訟を扱う公事方と財政を扱う勝手方の分離は十分にはなされていない。この時点では勘定奉行は二人、組頭は八人であった。二十四位の蔵奉行は、蔵への米穀の納入、禄米などの渡方を管掌する。毎日蔵へ出勤し、一人は交替で泊番を勤めた。代官に勘定奉行・勘定組頭・勘定・蔵奉行・金奉行すべてを加えると、全職に占める割合はようやく五%を超える。幕府職制、なかでも御目見以上の就く職にあっては、勘定系の職の位置はこの段階ではきわめて低いといえよう。

九位の納戸は、納戸頭・納戸組頭のもとで、将軍の衣服・調度を管掌し、かつ将軍から大名・諸役人への金銀衣服の下賜をも掌った。寛文四年時点では、頭二人、組頭十一人であり、物品購入にあたる元方と支払を担当する払方とに分かれていた。十三位の右筆は、朱印状・判物《はんもつ》・御内書《ごないしょ》を作成し、日記をつけることをその職とした。右筆が、表右筆と奥右筆に分化し老中・若年寄の政務に深く関わるようになるのは、天和元（一六八一）年以降のことである。十四位の腰物奉行は、腰物奉行組頭のもとで、将軍の佩刀《はいとう》、進献の太刀、下賜の刀脇差などを管掌する役である。元禄十四（一七〇一）年に腰物奉行組頭は腰物奉行、腰物奉行は腰物方と改称された。十八位の中奥小姓は、中奥に候し、儀式の折には配膳役に従い、中奥番を指揮して雑務を勤めた。二十五位の中奥番は、江戸城中奥に候し、中奥小姓の指揮を受けて雑務を勤めた。二十位の小姓は、将軍側近くに仕え、その雑務に従い、将軍の奥出入りにあたっては御錠口で送迎にあたった。常時、半数が宿直している。二十一位の小納戸は、将軍の食膳から髪結まで日常の細務に従事し、この時期には半数交替で宿直した。納戸頭・納戸組頭・納戸、右筆、腰物奉行組頭・腰物奉行頭、中奥小姓、中奥番、小姓、小納戸など将軍身近の職に就く人数は一九〇人近くなり、その比率も六・七％にのぼり、旗本の世界にあってこうした職の持つ意味はかなり大きいものがある。

七位の鷹匠は、鷹関係の職を合算して示したものであり、その内訳は、鷹匠頭十一人、鷹匠九人、鷹役二人、手鷹匠十三人、手鷹師十三人、手鷹役四人、京鷹役一人、巣鷹役一人、鵜頭一人である。このうち十六人は御家人であったことからすれば、寛文四年の幕府職制における順位は少し下げる必要があるかもしれない。

十五位の使番は、寛文四年当時は使役と称した。日常的な職務は、江戸においては大名への上使、火事場の視察・指揮にあたったが、江戸から諸国に出ることが多く、二条・大坂・駿府などの目付、城請取の臨検、幼少大名の後見としての国目付、諸国巡見などを勤めた。二十二位の目付は、旗本・御家人の監察、諸役人の動向を査察し、万石未満への法令の伝達、諸役所からの書類の評議を管掌し、評定所出座、火事場の監察などを分掌した。常時、本番・加番の二人が宿直した。

十六位の先鉄砲頭は、先手弓頭とともに先手頭と呼ばれた。先鉄砲組は二十組、先手弓組は八組あり、戦時にはそれぞれ与力・同心を従えて先陣を勤めたが、平時には江戸城の中門・平川口門・下梅林・坂下門・紅葉山下門・山里・蓮池・三九喰違・下埋門・新門などの警護に与力・同心を従え交替であたった。十七位の徒頭は、御目見以下の徒を従え、江戸城獅子之間に詰め、将軍の出行に際しては先払、辻固を勤め、夏には徒の隅田川での水練を見分した。なお組数は二十組である。

人員の変化

次にそれぞれの職を構成する人員の変化に目を向けることにしよう。**表25**における寛文四（一六六四）年の数は現員、弘化二（一八四五）年の数字は一部定員がなく現員を示したが基本は定員であり、また寛文四年の場合には定員を満たしていない場合も予測されることから、その比較は厳密なものとはならない。この点を十分考慮しつつ比較検討していくことにする。

幕府職制のなかで最も大きな比重を占める大番、書院番、小姓組の三番についてみると、大番は寛文四年が六〇六人、弘化二年が六〇〇人、書院番は寛文四年が四七七人（書院番・小姓組からの出役である進物役三十二人を含む）、弘化二年が五〇〇人、小姓組は寛文四年が四三八人（進物役二十二人を含む）、弘化二年が五〇〇人であり、基本的には大きな変化はない。また書院番・小姓組でみられる差異は、本来十組、一組五十人という体制が寛永年間に出来上がっていることからすれば、補充が十分でないことを示しているにすぎない。なお、寛文四年の大番の数が、定員の六〇〇人より六人多いのは、先に述べたように『寛政重修諸家譜』の記事の不備なものの処理法に起因するものである。

三番に対し、新番は八十六人から一六〇人へ、小十人組は一八九人から二四〇人へとかなりの増員がみられる。新番の増員は、享保九（一七二四）年に西丸に二組が新たに置かれたことが主たる要因である。小十人組の増員は、十組であったものが享保十一年に十一組となり、また西丸小十人組の番士の数が二十人から二十五人へと増員されたことによる。

老中支配の職では高家が九人から十六人、側衆が二人から七人、勘定奉行が二人から四人、若年寄支配では使番が二十四人から四十六人、小納戸が十八人から一九二人、右筆が二十六人から奥表を合せて七十一人と増加している。高家は、世襲に近いものであったこともあって時代が下がるとともに増えたことが増加の要因の一つである。勘定奉行の二人から四人への増加は、勘定奉行が寛永十二(一六三四)年に制度的に確立したときには五人であり、また寛文六年、八年にそれぞれ一人任じられ四人となっており、この時点での一時的現象である。ただし、享保六年に勘定所の職務が司法を扱う公事方と財政担当の勝手方とに分離したことで、翌年から勘定奉行も二分され二人ずつ交替で職務を担当することになった点は、機構整備という側面から評価する場合には注意せねばならない。

使番の増加は著しいが、これは、寛文期には書院番や小姓組の番士がしばしば臨時に所々への使いを命じられていたが、後にこうした役割は使番の専管するところとなったことが大きく影響している。小納戸は、食事・髪結をはじめ将軍の日常諸事を扱うものであるが、本来定員というものはなく、時代が下がるとともにその数を増し、しばしば減員が取沙汰されている。右筆の増加は、天和元(一六八一)年に奥右筆と表右筆とに分かれ、なかでも奥右筆が老中・若年寄の政務に関わることでその数を増していった。

勘定方の職では、代官が七十五人から五十人へと、蔵奉行が十五人から七人へと減少するが、勘定は三十六人から二二三人へと激増する。代官の減少は、寛文期にはなお旧来より世襲的な小代官が多く残っていたが（寛文四年段階で七十五人いた代官のうち父・子とも代官であった家は三十三家にのぼる）、正徳期の代官粛正によって減少し、勘定奉行直轄の代官制度が整備されていったことによる。蔵奉行の数は、この時期が最も多く、翌寛文五年には八人に減員されている。また、蔵奉行には大番から仮役として出ているものがおり、二条・大坂在番時には江戸にいず勤めから外れていたことも一つの要因である。勘定の激増の背景には、先にあげた代官の粛正とそれにともなう勘定所機構の整備、さらに享保改革期の幕領支配の強化、財政・訴訟機構の拡充再編が大きな要因である。

人数が激減したものはみられないが、留守居支配の鉄砲玉薬奉行が四人から二人に、弓矢鎗奉行が五人から二人に、鉄砲箪笥奉行が四人から二人に、具足奉行が五人から二人へと減少している。これらは、いずれも軍事に関わるものである。若年寄支配の細工頭が六人から三人に、寛文四年には材木奉行四人、石奉行三人であったものが、両者が合され材木石奉行となり人員も三人となっている。寛文四年にはあるが弘化二年にはみえなくなる縄竹奉行（一人）、瓦奉行（一人）もこの動向と軌を一にするものである。

このように、政務の煩瑣化にともなうもののほか、奏者番、高家、使番など儀礼に深く関わる職、小納戸、側など将軍個人に関わる職、財政・訴訟機構での増員が目につき、対照的に軍事面での諸職が現状維持か減少する傾向をみせている。

知行高と職

職と知行高の関係の概要をみておこう。**表27**は、大番・書院番・小姓組・新番・小十人についてそれぞれの職と知行高との関係を検討するために作成したものである。なお、ここでいう知行高は、地方知行・蔵米知行・扶持米を処理した規準高である。大番については、二〇〇石にその中心があり知行高の判明するもの（全体から部屋住と不明を除いたもの）に占める割合は四四・五％であり、五〇〇石のものまで加えると八九・七％に達する。大番を束ねる大番組頭の知行高は、七〇〇石前後であるが、多くの場合、組頭に昇進して間もなく、もとの知行高に二〇〇俵が加えられるのが常であった。大番頭は十三人のうち九人までが五〇〇〇石以上の知行取である。

書院番・小姓組は、ほぼ同様の傾向を示し、三〇〇石がその中核となるが、一〇〇〇石以上の番士が多いのが特徴といえる。書院組頭は六〇〇俵から六〇〇〇石のものまでみられ、また小姓組組頭は五〇〇石から四五〇〇石のものまでみられ、高と職との対応は明確

表27　知行高と職（単位：人）

高	大　番	書院番	小姓組	新　番	小十人
100石未満					68
101石以上	7	1			77
200　〃	199	9	8	53	16
300　〃	90	117	106	9	5
400　〃	66	19	16	5	1
500　〃	46	37	33	6	
600　〃	12	15	7		
700　〃	11	19	18	1	
800　〃	7	5	3		
900　〃		3	7		
1000　〃	6	37	33		
1200　〃	2	21	12		
1500　〃	1	17	13		
2000　〃		14	11		
2500　〃		7	4		
3000　〃		6	7		
5000　〃		3	1		
部屋住	145	112	134	12	16
不明	14	2	3		5
合計	606	444	416	86	188

ではない。書院番頭は十人のうち七人までが五〇〇石以上、小姓組番頭は十一人のうち三〇〇〇石以下のものが六人を占めており、書院番頭より知行高は低い。

新番は、この表では十分には表現できていないが、規準高二五〇石にその大半が属しており、この高が新番の規準高であったことがうかがえる。

新番組頭は、四〇〇俵から一〇〇〇石のものが就いており、組頭に就任して間もなく多くは二〇〇俵を加増されている。新番頭は一〇〇〇石から二〇〇〇石の知行取である。小十人組の番士の知行高のうち一〇〇石未満の内実はすべて十人扶持であり、また一〇〇石以上二〇〇石未満の内実は一〇〇俵十人扶持のもので大半が占められている。この点については後述するが、小十人組の番士となる場合の多くはまず十人扶持を給され、ついで十人扶持に加えて一〇〇俵を与えられており、一〇〇俵十人扶持が小十人の規準高であったことが知られる。小十人組頭は二十人のうち一人が三一〇俵であるのを除いて、すべて三〇〇俵取であり、小十人頭は、四〇〇俵から一四二〇石取のものまで広く分布する。

先鉄砲頭は八〇〇石から六三五〇石まで広く分布するが一〇〇〇石前後がその中心をなし、徒頭は、六〇〇俵から四〇〇〇石までみられるが、一〇〇〇石前後が中心をなしている。使番は、一〇〇〇石から二〇〇〇石のものが、目付は、六〇〇俵の蔵米取が多くを占めている。このように、寛文四年の時点では、使番の地位は目付より高いが、十七世紀後半には使番から目付への昇進が多くみられるようにその地位は逆転する。

小姓は、一万石の大名もいるが、多くは五〇〇俵から一〇〇〇俵取のもの、中奥小姓は、四〇〇俵から五〇〇〇石までのものがいるが五〇〇俵前後が多くを占めている。

代官については、近江の多羅尾《たらお》光好のように一五〇〇石を領すものもあるが、大半は二〇〇俵から三〇〇俵の知行高であった。勘定は、部屋住のものも多いが一五〇俵取のものが大半であり、蔵奉行は、五〇〇俵のものがいるものの大半は二〇〇俵である。

小納戸は四〇〇石から一〇〇〇石、納戸は四〇〇石を領したものがいるが、ほぼすべてが二〇〇俵取であり、納戸組頭は三〇〇俵が規準高であり、腰物奉行は二〇〇石から五〇〇石のものが就いている。

3　昇進の諸相

大番の昇進

この節では、幕府官僚制における昇進の世界をみていくことにする。

寛文四（一六六四）年に旗本であったものでその前後の時期を含めて大番を経験したものは一〇四二人、そのうち大番を初任職とするものは九六六人いる。**表28**は、大番を初任職とするものの昇進の様子を示したものである。各職の後の数字は前に書かれた職に昇進した人数、その後の（　）内の数字はその職に就いたもののうちさらに昇進したものの人数を示している。

初任職を大番とする九六六人のうち六四四人が上位の職へ昇進するが、その昇進率は六六・七%とかなり高い。昇進先の職は、最も多いものの順にあげると、大番組頭一六一人、新番一二〇人、納戸五十人、蔵奉行四十人、腰物奉行三十一人、金奉行二十二人、小普請奉行二十人、広敷番頭・天守番頭各十四人、道奉行・裏門切手番頭各十一人、大坂蔵奉行

表28　大番の昇進概要

昇進職1	昇進職2	昇進職3	昇進職4	昇進職5	昇進職6
大番組頭161(67)	目付13(8)	先鉄砲頭2(0) 先弓頭1(1)	鎗奉行1(0)		
	先鉄砲頭11(2)	持筒頭1(1) 旗奉行1(0)	鎗奉行1(0)		
	先弓頭7(3)	鎗奉行2(0) 持弓頭1(1)	新番頭1(1)	側1(0)	
	納戸頭7(4)	伏見奉行1(1) 西城裏門番頭1(1)	京都町奉行1(0) 先鉄砲頭1(0)		
新番120(48)	新番組頭20(12)	目付3(2) 小石川御殿奉行1(0) 西城裏門番頭2(0) 二条城番1(1) 桐間番頭1(1)	禁裏付1(1) 船手1(0) 留守居1(0)	大坂町奉行1(1)	町奉行1(0)
	小納戸7(4) 膳奉行5(5) 小普請奉行4(2)	新番2(0)			
納戸50(25)	納戸組頭12(5) 新番8(1) 弓矢鎗奉行3(1)	納戸頭2(0) 桐間番1(0)			
蔵奉行40(31)	代官11(0) 大番組頭6(3)	二条城番1(1)	寄合1(1)	先弓頭1(1)	
腰物奉行31(14) 金奉行22(1)	新番9(0) 裏門切手番頭1(0)				

小普請奉行20(6)	小普請奉行組頭1(1)	先手鉄砲頭1(1)	西城留守居1(0)		
	天守番頭1(1)	広敷番頭1(1)	竹姫付1(0)		
広敷番頭14(3)					
天守番頭14(2)	裏門切手番頭1(1)	西城裏門番頭1(1)	先弓頭1(0)		
道奉行11(2)	船手1(1)	先鉄砲頭1(0)			
裏門切手番頭11(0)					
大坂蔵奉行10(1)	代官1(0)				
材木奉行9(0)					
石奉行6(0)					
代官6(0)					
蔵役5(5)	代官2(0)				
具足奉行5(2)					
富士見番頭5(1)					
弓矢鎗奉行5(0)					
大坂材木奉行5(0)					

十人、材木奉行九人、石奉行・代官各六人、蔵役・具足奉行・富士見番頭・弓矢鎗奉行・大坂材木奉行各五人が主なものである。

その後の昇進率をみると、蔵奉行が七七・五%と格段に高く、ついで納戸五〇%、腰物奉行四五・一%、大番組頭四二・三%、新番四〇・三%、小普請奉行三〇%となるが、金奉行・広敷番頭・天守番頭・道奉行・裏門切手番頭・大坂蔵奉行・材木奉行・弓矢鎗奉行となったもので昇進するものはわずかかまったくない。この後の昇進の様子については詳しくは述べえないが、いくつかの主な職については後述する。ただ、大番の最終職は、役方の職よりは先弓頭・先鉄砲頭・鎗奉行などの番方の職が多いが、番方でも小姓組番頭・書院番頭・大番頭などの職に昇進したものはみられない点を指摘しておこう。

大番経験者で最も昇進したものは松野助義であろう。彼は、寛文三年、部屋住の身で大番となり、同十一年に家督二〇〇石を継ぎ、延宝元（一六七三）年に新番に移り、翌年新恩五十俵を加増された。貞享三（一六八六）年に新番組頭となり、翌年二〇〇俵を加増され、元禄七（一六九四）年に目付となり、同年布衣を許され、翌年には一〇〇俵を加増され、元禄九年に禁裏付武士となり一〇〇〇石を加増、同年従五位下河内守に叙任された。同十年蔵米を知行に改められすべて一五五〇石を地方で知行することとなり、同十四年に大坂町奉行、宝永元（一七〇四）年に町奉行となっている。

大番組頭は、寛文四年に旗本であったものでその職を経験したものは一八一人にのぼる。その前職は、九四・五％にあたる一七一人が大番である。それ以外では五人が蔵奉行であり、それらもすべて大番経験者である。書院番・小姓組からのものがそれぞれ一人いるがきわめて特異なものである。一七一人の大番組頭のうち一〇二人はその職を最終の職としているが、六十九人が昇進、その昇進率は四〇・四％である。昇進先の職の主なものは、十三人が目付、十一人が先鉄砲頭、七人が先弓頭、七人が納戸頭である。

大番頭の経験者は五十一人いるが、その前職は三十三人が書院番頭、四人が小姓組番頭であり、大番頭の前職としては書院番頭が重視されていたことが分かる。なお、前職がなく初任職が大番頭であるものが九人いる。大番頭の経験者四十九人のうち二十人が大番頭を最終職とするが、残る二十九人の後職は留守居十人、駿府城代十人が主なものである。

書院番の昇進

表29は、**表28**と同様、寛文四（一六六四）年に旗本であったもので書院番を初任職としたものの昇進の概要を示したものである。

初任職を書院番とするもの五八五人のうち二七一人が昇進する。その昇進率は、四六・三％と大番に比較してかなり低い。さらに昇進の職としてあげた進物役は書院番からの出役であり、小姓組は書院番と同等の職であることからすると、書院番の昇進率は一層低いものとなる。

昇進先の職をみると、進物役五十八人、小姓組三十三人、使番二十一人、桐間番十七人、書院組頭十五人、徒頭十四人、小姓組組頭十二人、目付八人、膳奉行・小十人頭各七人、中奥・代官各五人が主なものである。その後の昇進率をみると、中奥一〇〇％、膳奉行八五・七％、使番・書院組頭・小姓組組頭各六六・七％、桐間番六四・七％、徒頭六四・三％、目付六二・五％、進物役六二・一％、小姓組四八・五％、小十人頭四二・九％、代官

表29　書院番の昇進概要

昇進職1	昇進職2	昇進職3	昇進職4	昇進職5	昇進職6	昇進7
進物役58(36)	徒頭10(9)	目付2(2) 駿府町奉行1(1) 先弓頭2(1) 三丸徒頭1(1) 書院組頭1(1)	船手頭1(1) 持筒頭1(1) 持弓頭1(1) 新番頭1(0) 小姓組番頭1(1)	先鉄砲頭1(0) 鎗奉行1(0) 鎗奉行1(0) 書院番頭1(0)		
	書院組頭4(3)	小姓組番頭1(1)	書院番頭1(1)	留守居1(0)		
	使番3(3)	先鉄砲頭2(1) 長崎奉行1(0)	鎗奉行1(0)			
	小十人頭3(1)	船手1(1)	清水船手1(1)	先鉄砲頭1(0)		
	屋敷改3(3)	使番2(2) 徒頭1(1)	目付1(1)	作事奉行1(1)	大目付1(1)	勘定奉行1(0)
小姓組33(16)	使番4(2)	目付1(1) 持弓頭1(1)	大坂町奉行1(0) 大目付1(1)	留守居1(0)		
	目付2(1) 先鉄砲頭2(1) 進物役2(0)	先鉄砲頭1(0) 鎗奉行1(1)	旗奉行1(0)			
使番21(14)	先鉄砲頭3(1) 目付2(1)	鎗奉行1(1) 先鉄砲頭1(1)	旗奉行1(0) 鎗奉行1(0)			
	長崎奉行2(2)	勘定奉行1(0) 鎗奉行1(1)	大目付1(0)			
	普請奉行2(0)					
桐間番17(11)	小納戸8(1) 二丸留守居1(1)	二丸留守居1(0) 徒頭1(1)	書院組頭1(1)	持筒頭1(1)	鎗奉行1(1)	

書院組頭15(10)	小姓組番頭2(1) 先鉄砲頭2(1) 新番頭2(2)	書院番頭1(0) 鎗奉行1(0) 町奉行1(1)	徳松付1(0)			
徒頭14(9)	目付5(4) 廊下番頭2(1)	持弓頭1(0)				
先鉄砲頭14(4)	鎗奉行2(1) 持筒頭2(0)	旗奉行1(0)				
小姓組組頭12(8)	小姓組番頭2(1) 先鉄砲頭2(0)	書院番頭1(1)	大番頭1(0)			
目付8(5) 膳奉行7(6) 小十人頭7(3) 中奥5(5) 代官5(0)	新番頭1(1) 目付2(2) 徒頭2(2)	小姓組番頭1(0) 大坂町奉行1(1) 持弓頭1(1)	留守居1(0) 町奉行1(1)	留守居1(1)	側1(1)	留守居1(0)

〇%であり、代官を除いてきわめて高い昇進率を示しており、書院番からいったん昇進するとさらに昇進する確率の高かったことがうかがえる。

寛文四年の時点に旗本であったもので、書院組頭の職を経験したものは五十二人いる。その前職は、十八人が書院番、十二人が進物役（うち十一人の前職は書院番）、十人が小姓組が主なものであり、前職としては書院番が最も多いが、小姓組出身者も少なくはない。書院組頭の経験者のうち十四人は書院組頭を最終の職とするが、残る三十七人の後職は、小姓組番頭十三人、書院番頭・先鉄砲頭が各四人、持筒頭三人、新番頭二人である。

書院番頭の経験者は六十四人いるが、その前職は、半数以上の三十五人が小姓組番頭、四人が書院組頭、三人が小姓組組頭である。なお前職がなく初任職が書院番頭であるものが九人いる。書院番頭経験者六十三人のうち十二人は書院番頭を最終の職とするが、残る五十一人の後職は三十三人が大番頭、九人が留守居、二人が側、二人が伏見奉行である。

小姓組の昇進

表30は、**表28**・**29**と同様、寛文四（一六六四）年に旗本であったもので小姓組を初任職としたものの昇進の概要を示したものである。

初任職を小姓組とするもの六〇〇人のうち三三一人が昇進する。その昇進率は、五五・二％と大番よりは低いが書院番よりは高い。書院番同様、昇進の職としてあげた進物役は小姓組からの出役であり、書院番は小姓組と同等の職であることからすると、小姓組の昇進率も大番に比してかなり低いものとなる。

昇進先の職をみると、進物役五十人、書院番五十人、使番二十五人、大番十九人、桐間番十六人、徒頭十五人、屋敷改十四人、先鉄砲頭・中奥番各十三人、小十人頭十二人、小姓組組頭・膳奉行各十人、目付・書院組頭各九人、小納戸八人、先弓頭五人が主なものである。その後の昇進率をみると、屋敷改一〇〇％、中奥番一〇〇％、小姓組組頭九〇％、

表30　小姓組の昇進概要

昇進職1	昇進職2	昇進職3	昇進職4	昇進職5	昇進職6
進物役50(29)	徒頭7(7)	目付5(5)	勘定奉行2(1)	大目付1(0)	
	使番2(2)	先鉄砲頭1(0) 留守居1(0)			
書院番50(25)	小十人頭3(2) 進物役3(1) 徒頭2(2)	先鉄砲頭1(1) 目付1(1)	長崎奉行1(0) 桐間番頭1(1)	側1(1)	若年寄1(0)
使番25(13)	目付3(3)	桐間番頭1(1) 新番頭1(1)	側1(0) 西城留守居1(1)	側1(0)	
	先鉄砲頭4(2)	京都町奉行1(0) 旗奉行1(0)			
	持弓頭2(1)	大目付1(1)	留守居1(0)		
大番19(8)	大番組頭3(1)	佐渡奉行1(0)			
桐間番16(8)	小納戸6(1)				
徒頭15(13)	目付5(5) 先鉄砲頭3(2)	長崎奉行1(1) 大目付1(0)	町奉行1(0)		
屋敷改14(14)	徒頭4(3) 小十人頭2(2) 使番2(0)	目付3(3) 廊下番頭1(1)	大坂町奉行1(1) 先鉄砲頭1(0)	大目付1(1)	留守居1(0)
先鉄砲頭13(6)	鎗奉行3(0)				
中奥番13(13)	小納戸5(2) 二丸留守居2(1)	小十人頭1(1) 本院付1(0)	駿府町奉行1(0)		
小十人頭12(10)	目付3(1) 荒井奉行2(2)	駿府町奉行1(0) 奈良奉行1(0)			

小姓組組頭10(9)	先鉄砲頭4(2) 新番頭2(1)	持筒頭2(1) 町奉行1(1)	長崎奉行1(0) 大目付1(0)		
膳奉行10(7)	二丸留守居2(1)	勘定奉行1(1)	町奉行1(0)		
目付9(7)	先鉄砲頭3(1) 長崎奉行2(0)	鎗奉行1(0)			
書院組頭9(6)	小姓組番頭3(3) 先鉄砲2(0)	書院番頭3(0)			
小納戸8(7) 先弓頭5(3)	中奥2(1) 鎗奉行2(1)	二丸留守居1(0) 旗奉行1(0)			

小納戸八七・五%、徒頭八六・七%、小十人頭八三・三%、目付七七・八%、膳奉行七〇%、書院組頭六六・七%、先弓頭六〇%、進物役五八%、使番五二%、書院番・桐間番各五〇%、先鉄砲頭四六・二%、大番四二・一%であり、一度昇進したものの昇進率は、書院番同様ないしそれ以上高いものがある。また、昇進先の職も書院番とよく似た傾向をしめすが、書院番にはほとんどみられない大番への転職がかなりの数みられるのが注意される。

寛文四年の時点に旗本であったもので、小姓組組頭の職を経験したものは四十四人いる。その主な前職は、十四人が書院番、十三人が小姓組、五人が進物役（うち四人の前職は小姓組）であり、書院番・小姓組・進物役の三職で七二・七%を占める。小姓組組頭の経験者のうち八人は小姓組組頭を最終の職とするが、残る三十六人の後職は、十人が先鉄砲頭、八人が小姓組番頭、七人が新番頭、二人が書院番頭、二人が先弓頭である。

小姓組番頭の経験者は六十三人いるが、その前職は、十五人が小姓、十三人が書院組頭、八人が小姓組組頭、六人が徒頭、五人が新番頭であり、小姓出身者が最も多いのが注目される。なお前職がなく初任職が小姓組番頭であるものが七人いる。六十六人のうち十六人が小姓組番頭を最終職とするが、残る五十人の後職は、書院番頭が三十五人、七〇％を占めるが、側へ昇進したものが六人みられる。

三番の比較

表31は、側・留守居など幕府の要職と大番・書院番・小姓組をそれぞれ初任職とするものとの関係を示したものである。まず五番と呼ばれた大番・書院番・小姓組・新番・小十人の組頭についてみると、大番組頭は大番を初任職とするもの、書院組頭・小姓組組頭は小姓出身者を含むものの基本的には書院番・小姓組いずれかを初任職とするものである。新番組頭は、その大半が大番を初任職とするもので占められている。小十人組頭は、この表からうかがえないがすべて小十人を初任職とするものであり、大番・書院番・小姓組いずれをも初任職とするものがみられないのが大きな特徴である。新番頭となったものの初任職は、小姓組九人、書院番七人、大番五人の順であり、初任職と新番頭就任とのあいだには目立った関係はみられない。小十人頭となったものの初任職は、小姓組二十三人、書

表31 幕府要職と大番・書院番・小姓組出身者

職　名	総　数	大　番	書院番	小姓組	備　考
側	27	2	2	7	小姓出身７人
留守居	30	0	8	4	小姓出身５人
大番頭	49	0	4	1	
書院番頭	63	0	9	7	
小姓組番頭	63	0	11	11	小姓出身17人
大目付	19	3	4	9	
町奉行	7	0	2	4	
勘定奉行	19	1	5	9	
普請奉行	10	0	5	3	
作事奉行	10	1	2	3	
旗奉行	14	1	4	5	
鎗奉行	35	5	15	11	
先鉄砲頭	115	21	38	49	
目　付	100	22	19	19	
使　番	84	3	36	38	
徒　頭	94	5	31	35	小姓出身17人
新番頭	26	5	7	9	
小十人頭	49	4	16	23	
書院組頭	51	0	24	13	小姓出身５人
小姓組組頭	45	0	16	15	小姓出身６人
大番組頭	180	168	0	0	
新番組頭	27	20	0	0	
小十人組頭	70	0	0	0	

院番十六人、大番四人であり、大番が排除されてはいないが、小姓組を初任職とするものの優位が顕著である。

それに対し、大番頭・書院番頭・小姓組番頭は、大番出身者はみられず書院番あるいは小姓組の出身者が多くみられるが、全体に占める割合はそれほど大きくはない。小姓組番頭については、小姓を初任職とするものの多さが目立つ。

町奉行・勘定奉行・普請奉行・作事奉行については、大番出身者もみられるが、書院番・小姓組を初任職とするものが多く、なかでも小姓組を初任職とするものが優位にある。先鉄砲頭は、書院番・小姓組を初任職とするものが多いが、大番を初任職とするものの数も少なくはない。目付については、数のうえでは大番を初任職とするものが最も多いが、書院番・小姓組を初任職とするものの数も比率のうえでは変わらない。使番・徒頭は、大番を初任職とするものもみられるが書院番・小姓組を初任職とするものが中心である。

全体としてみると、幕府の要職に就く率は、大番より書院番・小姓組が高く、書院番と小姓組とを比較すれば、小姓組を初任職とするものの方がより高いといえよう。

新番・小十人の昇進

寛文四（一六六四）年の時点で旗本であり、その前後に新番を経験したものは二一一人

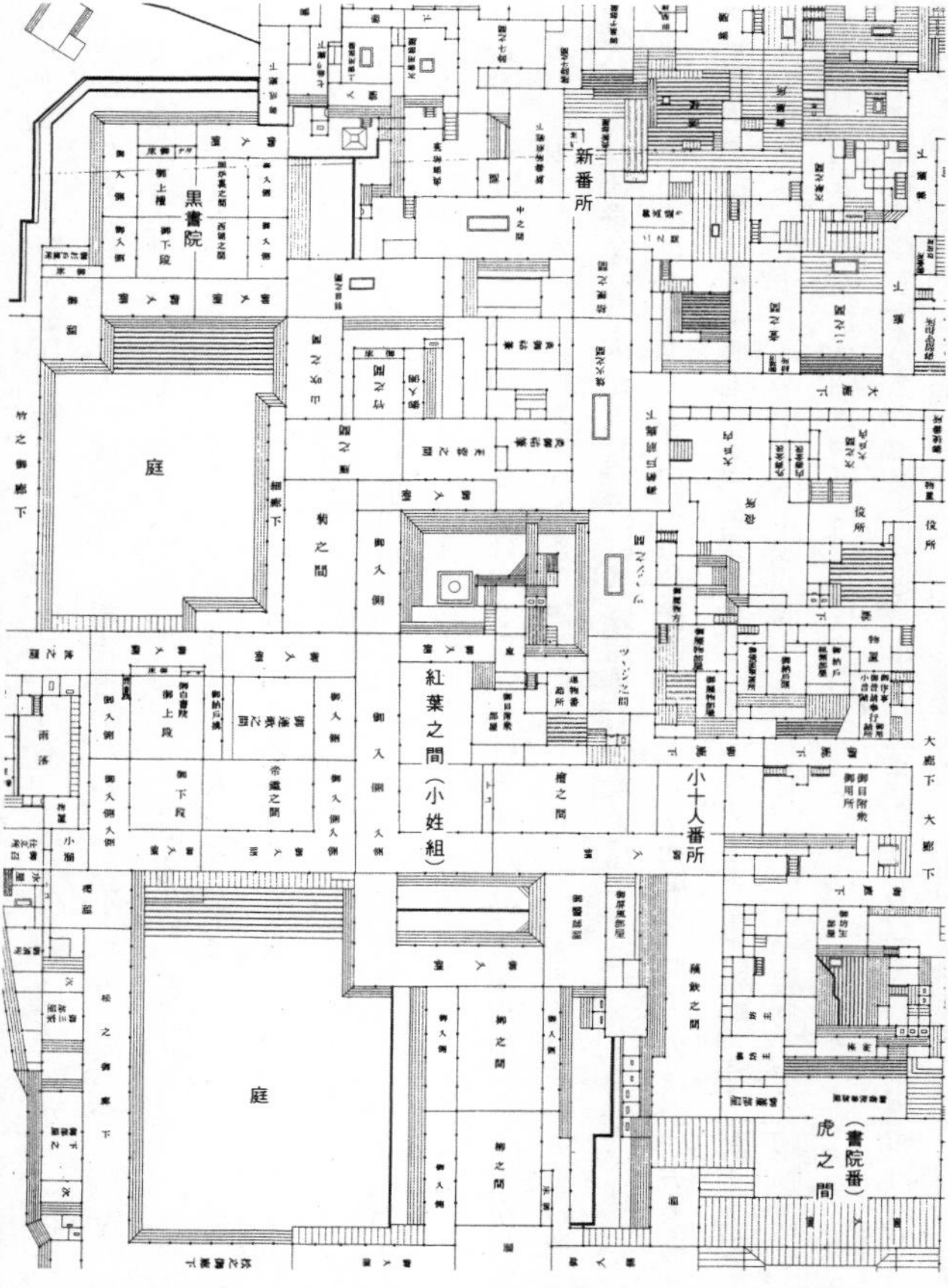

書院番・小姓組・新番・小十人の詰所（東京市史稿　皇城篇附図）

いる。このうち新番を初任職とするものは二人に過ぎず、大番からのものが一二六人、小十人からのものが四十一人、腰物奉行・腰物持からのものが十六人、納戸からのものが十三人、鉄砲薬込役からのものが十人であり、書院番・小姓組からのものはまったくみられない。二一一人の新番のうち昇進したものは八十一人、昇進率は三八・四%であり、それほど高くはない。主な昇進先は、二十七人が新番組頭、九人が膳奉行、七人が小普請奉行、七人が小納戸、五人が簞笥奉行である。

新番組頭の経験者二十七人の前職はすべて新番である。二十七人のうち十五人が昇進し、その主な昇進先は、五人が目付、三人が西城裏門番頭である。

新番頭経験者二十六人の主な前職は、七人が小姓組組頭、四人が小納戸、三人が目付、三人が徒頭である。二十六人のうちさらに昇進するものは十六人おり、その主な昇進先は、五人が小姓組番頭、三人が大目付、二人が町奉行である。

寛文四年の時点で旗本であり、その前後に小十人を初任職としたものは三二五人あり、そのうち二三六人が昇進し、その昇進率は七二・六%ときわめて高い。主な昇進先は、七十四人が納戸、六十六人が小十人組頭、四十人が新番、十一人が腰物奉行・腰物持、十人が大番、六人が蔵奉行、四人が鉄砲薬込役であった。

小十人を初任職とするもので最も昇進した例を一つあげておこう。稲生正照は、七〇〇石を領した旗本稲生正信の三男として生れ、寛文二年に小十人となり十人扶持を与えられ、同四年一〇〇俵を加増され、延宝元（一六七三）年に新番となり二五〇俵取となった。天和元（一六八一）年に新番組頭となり、翌年三〇〇石を加増され、貞享元（一六八四）年に目付に進み布衣を許された。次いで同四年に作事奉行となり、四五〇石を加増され、元禄二（一六八九）年に勘定奉行に昇進、加増を受け一五〇〇石を領した。小十人から勘定奉行にまで昇進する例はまれであるが、小十人を初任職として新番・新番組頭・目付を経て仙洞付武士となった徳永昌清がいるように、小十人を初任とするものにも、昇進の世界は閉ざされたものではなかった。

小十人組頭の経験者は七十人いるが、その前職は全員が小十人であり、新番とよく似た傾向を示している。七十人の小十人組頭のうち三十人が昇進するが、昇進先は、広敷番頭六人、簞笥奉行四人、裏門切手番頭・具足奉行各三人、弓矢鎗奉行・天守番頭各二人などと、きわめて多様である。

小十人頭の経験者は四十九人いるが、その前職の主なものは、小姓組十三人、書院番十一人、進物役五人、屋敷改四人で、進物役・屋敷改が書院番・小姓組の出役であったことからすれば、小十人頭の職は、書院番・小姓組出身者でほぼ占められていたことになる。小十人頭経験者四十九人のうち三十人が昇進、その昇進率は六一・二%とかなり高い。昇進先の主な職は、目付十二人、留守居番三人、先鉄砲頭・駿府町奉行・荒井奉行各二人である。

代官・蔵奉行・勘定の昇進

寛文四（一六六四）年の時点で旗本であり、その前後に代官を経験したものは一二九人いる。六十八人が代官を初任の職とし、うち六十二人が昇進することなく代官を最終の職としている。代官経験者で前職を持つものが六十一人いるが、その前職は、十四人が蔵奉行・蔵役、九人が勘定、七人が勘定組頭、六人が大番、五人が書院番、三人が小姓組が主なものである。代官経験者のなかで黒川正直のように小姓・代官・小姓組・大番・大番組頭・目付・長崎奉行を歴任し大目付にまで昇進したものもみられるが、一二九人の代官経験者のうち昇進したものはわずかに十人、その昇進率は七・八％ときわめて低い。

寛文四年の時点で旗本であり、その前後に蔵奉行を経験したものは四十四人いる。この職を初任職とするものはなく、その前職は、大番と小十人の二職であり、大番は三十八人、八六・四％を占めている。四十四人の蔵奉行経験者のうち昇進するのは三十人、その昇進率は六八・二％である。主な昇進先の職は、代官九人、大番組頭五人、広敷番頭三人である。

寛文四年の時点で旗本であり、その前後に勘定を経験したものは六十九人いる。勘定を初任職とするものが五十人と七二・五％を占める。残る十九人の前職は十六人が支配勘定である。勘定経験者六十九人のうち四十九人が昇進し、昇進率は七一％とかなり高い。昇進先の職は、二十六人が勘定組頭、九人が代官、三人が林奉行、三人が残物奉行である。

寛文四年の時点で旗本であり、その前後に勘定組頭を経験したものは二十八人いる。その前職はすべてが勘定である。二十八人の勘定組頭経験者のうち昇進するものは十一人であり、その昇進先の職は、代官が七人、勘定奉行・納戸頭・賄頭・小普請奉行各一人である。

納戸・小納戸の昇進

寛文四（一六六四）年の時点で旗本であり、その前後に納戸を経験したものは一五〇人いる。納戸を初任職とするものは十八人、残る一三二人の前職の主なものは、七十七人が小十人、四十九人が大番、小十人と大番で九五・五％を占める。一五〇人のうち昇進するものは五十八人、昇進率三八・七％である。昇進先の主な職は、三十四人が納戸組頭、十二人が新番、納戸組頭と新番で七九・三％を占める。

納戸組頭を経験したものは三十四人あり、すべてその前職は納戸である。昇進したものは十三人、その昇進先は、広敷番頭・納戸頭各四人である。

納戸頭を経験したものは二十二人いる。この職を初任職とするものはなく、その前職の主なものは、八人が大番組頭、四人が納戸組頭、二人が小姓組である。二十二人のうち七人が昇進、その昇進先の職は、留守居番・伏見町奉行・目付・先弓頭・小十人頭・西城裏門番頭・女院付、各一人である。

寛文四年の時点で旗本であり、その前後に小納戸を経験したものは八十一人いる。小納戸を初任職とするものは二人のみであり、残る七十九人の主な前職は、二十二人が桐間番、十二人が小姓組、十人が中奥番、八人が新番、七人が書院番、四人が膳奉行、四人が大番である。八十一人の経験者のうち昇進したものは六十二人、その昇進率は七六・五%ときわめて高い。昇進先の職のうち、十一人が小姓組、七人が書院番、五人が桐間番、四人が中奥番であり、これらの職は小納戸就任以前の職であり、昇進の職とするにはやや問題が残る。小納戸から明らかに昇進したと思われる職には、新番頭四人、二丸留守居三人、小納戸頭・徒頭・留守居番・小十人頭・西城裏門番頭各二人がある。

桐間番の昇進

寛文四（一六六四）年の時点で旗本であり、その前後に桐間番を経験したものは五十三人いる。このうち桐間番を初任職とするものはなく、小姓組からのものが十八人、書院番からのものが十七人、進物役・大番からのものが各五人、膳奉行からのものが二人いる。

桐間番経験者五十三人のうち三人はこの職を最終の職とするが、残る五十人の昇進・転職先をみると、昇進した先の職は、小納戸が二十一人と飛び抜けて多く三人が二丸留守居となっている。なお元の職に帰ったものが書院番九人、小姓組七人、大番四人、合計二十人おり、桐間番が必ずしも昇進を示す職ではなかったことがうかがえる。

徒頭・使番・目付の昇進

寛文四（一六六四）年の時点で旗本であり、その前後に徒頭であったものは九十四人いる。徒頭を初任職とするものは二人であり、残る九十四人の主な前職は、二十人が書院番、二十人が進物役、十八人が小姓組、九人が小姓、七人が屋敷改である。九十四人の徒頭経験者のうち昇進したものは七十八人、その昇進率は八三％ときわめて高い。昇進先は二十九人が目付、十二人が先鉄砲頭、五人が小姓組番頭、四人が先弓頭、三人が書院組頭、三人が駿府町奉行、三人が留守居番である。

寛文四年の時点で旗本であり、その前後に使番を経験したものは八十四人いる。使番を初任職とするものは三人のみである。残る八十一人の主な前職は、二十九人が小姓組、二十四人が書院番、七人が進物役、七人が屋敷改であり、書院番・小姓組関係で八二・七％を占める。なお、大番組頭を前職とするものが三人いる。八十四人のうち五十三人が昇進し、その昇進率は六三・一％である。その昇進先は、十二人が先鉄砲頭、九人が目付、四人が普請奉行が主要なものであるが、京都町奉行・長崎奉行・伏見奉行・駿府町奉行・山田奉行などの遠国奉行や禁裏付となるものが多くみられる。

寛文四年の時点で旗本であり、その前後に目付を経験したものは一〇〇人いる。目付を初任職とするものはいない。目付となる前の主な職は、二十九人が徒頭、十五人が大番組頭、十二人が小十人頭、十一人が小姓組、九人が書院番、九人が使番、五人が新番組頭である。目付経験者一〇〇人のうち七十九人が昇進する。その昇進先の主な職は、十二人が先鉄砲頭、八人が長崎奉行、七人が大坂町奉行、六人が駿府町奉行、六人が禁裏付、五人が先弓頭、四人が勘定奉行、三人が作事奉行、三人が新番頭、三人が船手であるが、このほか京都町奉行・伏見奉行・山田奉行など遠国奉行となるものがいる。

留守居番・先鉄砲頭の昇進

寛文四（一六六四）年の時点で旗本であり、その前後に留守居番を経験したものは、二十七人いる。この職を初任職とするものはなく、その前職は、徒頭・小十人頭が各三人、使番・小納戸・西城留守居・二丸留守居が各二人、目付・小納戸頭・書院番・小姓組・大番組頭・中奥番などが各一人と多様である。二十六人の経験者のうち昇進するものは、わずかに五人である。昇進先は、清水奉行・先鉄砲頭・持筒頭・桐間番頭・廊下番頭、各一人である。

寛文四年の時点で旗本であり、その前後に先鉄砲頭を経験したものは一一五人いる。この職を初任職とするものは一人だけである。前職をみると、その主なものは小姓組・書院番が各十五人、目付・徒頭・使番が各十二人、大番組頭・小姓組組頭が各十一人、書院番組頭が四人である。先鉄砲頭経験者一一五人のうち三十八人が昇進するが、その昇進率は三三%とそれほど高くない。昇進先の職は、鎗奉行十三人、持筒頭十一人が主要なものであり、他に旗奉行・新番頭・百人組頭などの番方の職と京都町奉行・長崎奉行などの遠国奉行もみられる。

遠国奉行の昇進

京都町奉行・大坂町奉行・長崎奉行・奈良奉行・駿府町奉行についてみてみよう。寛文四(一六六四)年の時点で旗本であり、寛文八年に成立した京都町奉行の職に就いたものは七人いる。その前職は、伏見奉行が二人、先鉄砲頭・普請奉行・目付・佐渡奉行・禁裏付が各一人であり、大目付に昇進した一人を除いてはすべて京都町奉行が最終の職である。

寛文四年の時点で旗本であり、その前後に大坂町奉行であったものは十人を数えるが、その前職は七人が目付、二人が書院組頭、一人が禁裏付である。十人のうち六人が大坂町奉行を最終の職とするが、昇進した四人は、大目付二人、留守居・町奉行各一人である。

寛文四年の時点で旗本であり、その前後に長崎奉行になったものは十四人いる。この職を初任職とするものはなく、前職は、目付八人、使番三人、先弓頭・持筒頭・先鉄砲頭各一人である。経験者十四人のうち三人が昇進し、昇進先の職は町奉行・勘定奉行・大目付である。

寛文四年の時点で旗本であり、その前後に奈良奉行になったものは八人いる。この職を初任職とするものはみられず、前職は、使番が三人、荒井奉行・書院番・徒頭・書院組頭が各一人である。八人の経験者のうち持筒頭に昇進した一人を除いて、残る七人は奈良奉行を最終の職としている。

寛文四年の時点で旗本であり、その前後に駿府町奉行になったものは十三人いる。この職を初任職とするものはなく、前職は、目付六人、徒頭・小十人頭各三人、下田奉行・使番各一人である。十三人のうち昇進したのは、持筒頭・堺奉行・綱重付各一人の三人である。

作事奉行・普請奉行の昇進

寛文四(一六六四)年の時点で旗本であり、その前後に作事奉行を経験したものは十人いる。この職を初任職とするものは一人であり、残る九人の前職は、目付が三人、禁裏付・使番・小姓組組頭・今切船渡奉行・書院番・小姓組各一人である。十人の作事奉行経験者のうち昇進したものは半数の五人、昇進先の職は、大目付・町奉行・勘定奉行・旗奉行・山田奉行各一人である。

寛文四年の時点で旗本であり、その前後に普請奉行を経験したものは十人いる。この職を初任職とするものはなく、その前職は、使番が四人、書院番が三人、目付・進物役・寄合が各一人である。十人の普請奉行経験者のうち昇進したのは、京都町奉行・持筒頭となった二人のみである。

勘定奉行・町奉行・大目付の昇進

寛文四(一六六四)年の時点で旗本であり、その前後に勘定奉行を経験したものは十九人いる。この職を初任職とするものはなく、その前職は、目付が五人、進物役が二人、小普請奉行組頭・長崎奉行・新番頭・美濃郡代・小姓組組頭・小姓組・使番・勘定組頭・大目付・二丸留守居・作事奉行・先弓頭・持弓頭が各一人であり、目付以外は特に昇進コースとみるべきものはないが、先鉄砲頭・遠国奉行などの職を経ないで勘定奉行の職に就いているものがかなりの数いることは注目される。十九人の経験者のうち昇進したものは五人、昇進先の職は、町奉行・留守居が各二人、大目付が一人である。

寛文四年の時点で旗本であり、その前後に町奉行を経験したものは七人いる。この職を初任職とするものはなく、その前職は勘定奉行・新番頭が各二人、作事奉行・長崎奉行・持弓頭が各一人である。七人の町奉行経験者のうち、さらに昇進したのは三人、一人は留守居、一人は大目付、一人は徳松付であった。

寛文四年の時点で旗本であり、その前後に大目付を経験したものは十九人いる。この職を初任職とするものはなく、その前職は、新番頭三人、大坂町奉行・鎗奉行各二人、町奉行・京都町奉行・百人組頭・禁裏付・小納戸・勘定奉行・持筒頭・長崎奉行・先鉄砲頭・持弓頭・作事奉行・目付が各一人である。十九人の大目付経験者のうち五人が昇進するが、その昇進先は留守居二人、寺社奉行・小姓組番頭・勘定奉行が各一人である。

留守居・側・定火消の昇進

寛文四（一六六四）年の時点で旗本であり、その前後に留守居を経験したものは二十八人いる。その職を初任職とするものはなく、前職は、大番頭が十人、書院番頭が九人、勘定奉行・大目付・百人組頭が各二人、町奉行・大坂町奉行・旗奉行が各一人である。二十八人の留守居経験者のうち昇進するのは九人である。その昇進先は、側が七人、大坂定番が二人である。

寛文四年の時点で旗本であり、その前後に側を経験したものは二十五人いる。この職を初任職とするものはなく、その前職は、留守居七人、小姓組番頭六人、書院番頭四人、桐間番頭三人、大番頭二人、旗奉行・新番頭・徳松付各一人である。二十五人の側経験者のうち十一人が昇進している。その昇進先の職は、若年寄六人、所司代・大坂定番・留守居・徳松付各一人である。

寛文四年の時点で旗本であり、その前後に定火消を経験したものは二十一人いる。このうちこの職を初任職とするものは十二人を占める。残る九人の前職の主なものは、甲府城守衛四人、書院番二人である。二十一人の定火消経験者のうち十六人が昇進するが、その昇進先は、書院番頭・持弓頭が各五人、持筒頭が四人、大番頭が二人、百人組頭が一人である。

昇進ルートの概要

図9は、これまで述べてきた個々の職間の昇進関係の概要を示したものである。四角で

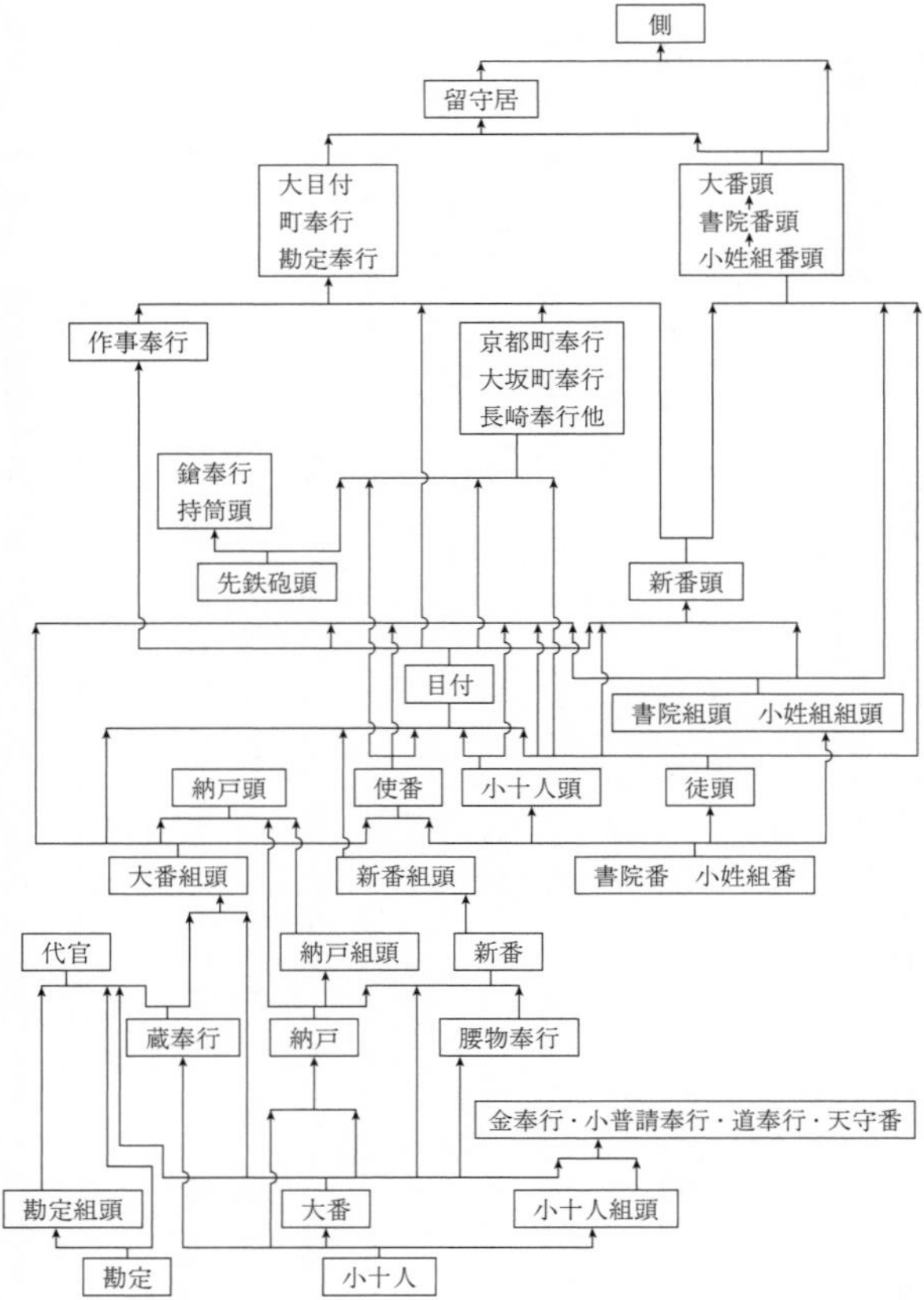
側
留守居
大目付
町奉行
勘定奉行
大番頭
書院番頭
小姓組番頭
作事奉行
京都町奉行
大坂町奉行
長崎奉行他
鎗奉行
持筒頭
先鉄砲頭
新番頭
目付
書院組頭　小姓組組頭
納戸頭
使番
小十人頭
徒頭
大番組頭
新番組頭
書院番　小姓組番
代官
納戸組頭
新番
蔵奉行
納戸
腰物奉行
金奉行・小普請奉行・道奉行・天守番
勘定組頭
大番
小十人組頭
勘定
小十人

図 9　昇進ルートの概要

括った大目付・町奉行・勘定奉行はその職の序列を示すが、下位からの昇進にあたっては、その序列を飛び越して就任することがある。大番頭・書院番頭・小姓組頭も小姓組頭↓書院番頭↓大番頭が昇進の序列であるが、下位からの昇進にあたっては小姓組番頭を飛び越し書院番頭に就くものがしばしばみられる。京都町奉行・大坂町奉行・長崎奉行としたところは遠国奉行のことであり、職のなかでの序列はあるものの昇進の序列を示しているわけではない。先鉄砲頭としたところには、先弓頭を加えることができる。書院番と小姓組とは相互に往来があると同時にその昇進先には異なる点もあるが似通った点が多いので一体として扱った。

また、先に述べたように寛文四（一六六四）年の段階では、使番の地位は目付の地位より高かったが、十七世紀の後半には使番から目付へと昇進するものが多くみられ、その地位は逆転している。この点を踏まえて、本図では目付を使番の上位においている。

この図から指摘できる特徴を二、三あげておこう。まず第一は、大番あるいは大番に小十人・新番を加えたグループと書院番・小姓組のグループとに大きく分かれる点である。徒頭・小十人頭は書院番・小姓組グループに独占され、大番グループのものが就任することはない。

第二は、使番・目付・先鉄砲頭の職で、大番グループと書院番・小姓組グループとがクロスする。数のうえでは書院番・小姓組グループが圧倒するが、大番グループの昇進のルートが確保されていることが注目される。これらの職のなかで特に目付の職がこうした特質を持っている。

第三は、後年になると先に紹介した久須美祐明のように支配勘定から勘定を経て勘定奉行にまで上り詰めたものに象徴されるように、勘定出身者の昇進が数多くみられるが、この段階では、勘定出身者の昇進は、勘定組頭か代官止りであり、幕政機構での地位はなお低いものであった。

4 家格の上昇

大名への上昇

寛文四(一六六四)年に生きた幕臣のうち四十一人が旗本から一万石以上の大名へと家格を上昇させている。四十一人のうち半数の二十一人が寛文四年以前に、二十人が以降に大名に取り立てられており、寛文四年を挟む前後での旗本から大名への取り立てに数のうえでは大きな差はみられない。

大名となる契機は、おおよそ相続・分知・昇進の三類型がある。**表32**は、その数を示したものであり、相続によるもの十一人、分知によるもの六人、昇進にともなうもの二十四人であり、昇進にともなうものが意外に多い。昇進による大名取り立てをみるまえに、相続・分知によって大名となったものについてみておこう。

ここで相続というのは、相続以前に幕府のなんらかの職に就き蔵米や知行を得て旗本の身分にあったものが後年、本家などの相続によって大名となったもののことである。二、三の例をあげよう。所司代となる牧野親成は、慶長十二(一六〇七)年に牧野信成の子として生れ、のち家光の小姓となり、寛永十(一六三三)年膳番、同年徒頭となり知行一〇〇〇石を得た。寛永十九年に書院番頭に昇進し、正保元(一六四四)年四〇〇〇石を加増され五〇〇〇石となった。そして同四年、隠居した父信成の領知一万七〇〇〇石を相続することで大名となった。なお、それまで領していた五〇〇〇石は父信成の隠居料となった。

この事例は、家督相続予定者が、相続以前に職に就き知行を得ていた場合である。

出羽国上野山二万五〇〇〇石の大名となる土岐頼殷《よりたか》は、寛永十八年に二万五〇〇〇石の大名土岐頼行の次男として生れ、寛文三年書院番となり同五年に三〇〇俵を与えられ、同七年に小姓となり五〇〇俵を得た。さらに同十二年に小姓組番頭に就任し加増され一五〇

表32　旗本から大名へ

理由	件数
相続	11
分知	6
昇進	24
合計	41

〇俵となった。ところが延宝六（一六七八）年に嫡子であった兄頼長が多病を理由に嫡を辞したため、頼殷が嫡子となり、その年、父頼行の隠居の跡を継ぎ大名となった。この場合は、本来であれば旗本として一生を送ったであろうものが大名である本家の事情でその家督を継ぎ大名となったものである。

上野国沼田三万石の大名となる真田信利の場合は、多少複雑である。信利の父信吉は上野国沼田三万石の大名であり、寛永十一年に死去した。その遺領は、当時三歳であった信吉の長男熊之助が相続するが、寛永十五年に死去し家は断絶の危機に瀕した。しかし、祖父真田信之の願いが聞き届けられ、信吉の死後の寛永十二年に生れた信利に五〇〇〇石が与えられ、旗本の家として存続することとなった。沼田三万石のうち二万五〇〇〇石は、信吉の弟信政に与えられたが、信政が明暦二（一六五六）年に本家である信濃国松代十万石を継ぐことになり、それまで信政が領していた二万五〇〇〇石が信利に与えられることになり、信利は大名となった。いわば大名としての家再興が叶った例である。

ここでいう分知とは、当初は旗本として幕府に仕えたものが、父あるいは一族の領知のうち一部を分け与えられることで大名となったものである。二万石の大名となった永井尚《なお》庸《つね》は、寛永八年に永井尚政の三男として生れた。その後、家綱の小姓となり、次いで中奥となるが、承応元（一六五二）年ふたたび小姓となり、一〇〇〇俵を与えられ旗本となった。ところが万治二（一六五九）年に山城国淀十万石の城主であった父尚政が死去し、その遺領のうち二万石を分知されることで大名となった。なお、尚庸はその後、奏者番・若年寄となり、寛文十年には所司代となり、一万石を加増され三万石を領した。

外様の例を一つあげよう。蜂須賀隆重は、外様大名蜂須賀忠英の次男として寛永十一年に生れた。正保元年に家綱の小姓、明暦三年に詰衆となり三〇〇〇俵を与えられた。そして延宝六年には本家蜂須賀家の新田五万石を分知され、大名となる。この場合は新田分知によって成立した大名と本質的には違わない。

昇進による大名化

旗本から大名となった四十一人のうち二十四人は、幕府職制のなかで昇進することで大名化したものである。**表33**は、この二十四人についてその職歴と知行・領知高の変遷をあげたものであり、二〇〇俵とあるのは蔵米二〇〇俵、数字のみのものは知行高・領知高を示している。

大名になった時点の職に注目すると、若年寄が最も多く八人を数える。他は側・大坂定番・寺社奉行・大番頭が各二人である。大名となったものの職についてみると、小姓を初任職とするものが七人、近習を加えると八人となり、また小姓経験者を加えると九人を数

表33　昇進による大名化

氏　名	職歴と知行・領知高の変遷
松平　忠晴	小姓→小姓組番頭2000→書院番頭＋奏者番5000→大番頭＋奏者番→25000→３万→38000
松平　乗次	小姓1000俵→5000→小姓組番頭→側→若年寄１万→15000→奏者番２万
松平　定房	7000→３万→大留守居４万
土屋　数直	近習→膳番500俵→500→書院番→進物役700→書院組頭→小姓組番頭700＋1000俵→側700＋3000俵→5000→若年寄１万→15000→老中35000→45000
坂本　重治	300→大番→新番→小納戸300＋200俵→300＋400俵→800＋400俵→大目付1800＋400俵→寺社奉行１万
米倉　昌尹	小姓組600→書院番→徒頭→目付→桐間番頭1100→側2100→3100→4100→若年寄１万→15000
太田　資宗	500→側800→1000→2100→3600→小姓組組頭→書院番頭→小姓組番頭→六人衆15600→奏者番35000
松平　信興	小姓→中奥→小姓1000俵→小姓組番頭2000俵→5000＋2000俵→側→若年寄12000→17000→奏者番22000→大坂城代32000→所司代
植村　忠朝	9000→書院番頭→大番頭11000
稲垣　重定	6000→書院番頭→大番頭8000→徳松付→側→若年寄13000
久世　広之	小姓→小姓組500→膳番→書院番→中奥番→小納戸→徒頭→小姓組番頭→側5000→15000→若年寄２万→老中４万→５万
渡辺　吉綱	3520→中奥→書院番→書院組頭→小姓組番頭→書院番頭→留守居→側→大坂定番13500
稲葉　正休	5000→小姓組番頭→書院番頭→近習7000→若年寄12000
永井　直清	小姓→書院番530→4030→書院番頭8000→２万→36000
阿部　忠秋	小姓→20人扶持→膳番300俵→500俵→小姓組番頭1000→6000→１万→小姓頭→小姓組番頭15000→六人衆→老中25000→５万→６万→８万
堀田　正休	１万俵→大番頭→徳松付１万→奏者番
堀田　正英	小姓5000→中奥小姓→小姓組番頭→書院番頭→大番頭→徳松傅8000→若年寄13000→奏者番

本多　忠周	2500→5000→書院番頭→大番頭7000→寺社奉行１万→7000
大久保忠高	書院番→中奥番1500→小姓組組頭→新番頭→小姓組番頭1500＋1000俵→書院番頭→留守居1500＋3000俵→3500＋3000俵→側5500＋3000俵→7000俵＋１万
青山　宗俊	書院番頭3000→大番頭３万→大坂城代５万
那須　資弥	2000俵→小姓→5000＋2000俵→12000→２万
内藤　重頼	5000→定火消→書院番頭→大番頭→側→徳松付8000→若年寄13000→大坂城代33000→所司代
内藤　正勝	中奥小姓→小姓500俵→1000俵→5000→6000→書院番頭→留守居→大坂定番16000
柳生　宗冬	書院番→4000→8300→１万

注．数字は知行・領知高。

え、小姓経験者が多いことが分かる。もう一つの特徴は、旗本といっても当初から五〇〇〇石以上の上級旗本であるものが、比較的少ない職を経て大名化するもので、内藤重頼など五ないし六人をあげることができる。

また、経験した職をみると、小姓組番頭を経験したものは十一人、書院番頭を経験したものは十三人、大番頭を経験したものは九人、留守居を経験したものは五人、側を経験したものは九人いる。このうち小姓を経験したものは小姓組番頭を経て大名となったものが多く、上級旗本の場合は小姓組番頭を必ずしも経験せず書院番頭・大番頭を経て大名となる傾向がみられる。こうした点を踏まえて大名化のコースを定式化すると、第一は、小姓→小姓組番頭→（書院番頭）→側→若年寄というもので、側に在職中か若年寄就任時に大名となるコースである。第二は、上級旗本→書院番頭→大番頭→若年寄・大坂定番というもので、大番頭在職時か若年寄・大坂定番就任時に大名化するコースである。

この他、三〇〇〇石の旗本坂本重治が、大番を初任職とし、新番、小納戸、大目付を経て、寺社奉行に抜擢され、一万石とされた例や、書院番を初任職とした大久保忠高が、中奥番、小姓組組頭、新番頭、小姓組番頭、書院番頭、留守居を経て、側となりその在職中に大名に取り立てられた例のように、大番・書院番を初任職とし、幕府要職を歴任することで大名となったものがいることも見落とすことはできない。このコースは、いわば職昇進による大名化の典型的コースといえ、I章であげた大岡忠相もこのコースで大名となったものの一人に数えることができる。

それぞれのコースの例を二、三あげておこう。久世広之は、七一一〇石を知行し百人組頭となった旗本久世広当の三男として慶長十四（一六〇九）年に生れた。元和八（一六二二）に小姓となり、寛永元（一六二四）年に小姓組の番士となり、同三年に父広当が死去したことで、その遺領のうち五〇〇石を分け与えられた。同四年膳番、同九年書院番、同十一年小納戸、同十二年徒頭、同十五年小姓組番頭となり、同十七年側となったとき五〇〇〇石に加増された。さらに慶安元（一六四八）年に五〇〇〇石を加増され、一万石となり大名に列することとなった。承応元（一六五二）年に小姓組番頭を免ぜられるが、翌年、牧野親成・土屋数直・内藤忠清とともに宿直を命じられ、万治二（一六五九）に五〇〇〇石を加増、寛文二（一六六二）年に若年寄となり五〇〇〇石の加増を得て二万石を領した。翌三年には老中となり、二万石を加増され、さらに同九年に一万石を加増され五万石となり、下総国関宿城主となった。久世広之は、旗本の家の出身で初任の職が小姓であったものの事例である。広之とよく似た経歴を持つものに土屋数直がいるが、数直の場合は若年寄就任を機に大名となっている。

内藤重頼は、二万石を領した内藤正勝の嫡男として寛永五年に生れた。重頼誕生の翌年に父正勝が死去し、かつ重頼が幼少であったため、遺領のうち五〇〇〇石のみの相続が許された。重頼は、万治三年、初めて定火消の職に就き、寛文二年書院番頭、同八年大番頭、延宝四（一六七六）年側となり、同八年徳松付を命じられたときに三〇〇〇石を加増された。次いで、貞享元（一六八四）年に若年寄となり、五〇〇〇石の加増を得て、一万三〇〇〇石の大名となった。翌二年には大坂城代となり二万石を加増され、同四年には所司代となった。内藤重頼の例は、上級の旗本が大名となった事例である。

寺社奉行に昇進した坂本重治は、五七〇〇石を領した旗本坂本重安の長男として生れ、正保三年、父重安の遺跡のうち三〇〇〇石を相続し、同年大番の番士となった。寛文元年に新番に移り、同二年小納戸となり、同年末に二〇〇俵を加えられ、布衣を許され、同八年にはさらに二〇〇俵を加増された。延宝八年、四代将軍家綱の病床に詰めた功で五〇〇石を加増され、霊屋造営の奉行を勤め、天和元年に従五位下右衛門佐に叙任され、同年大目付となり、翌年一〇〇〇石を加増、次いで寺社奉行に抜擢され、これを機に加増され一万石の大名となった。坂本重治の例は、旗本でも大番出身のものが大名化したまれな例である。

旗本内での家格の上昇

江戸時代を通じて、幕府では知行や領知は、分知、処罰による減封といったもの以外には、一度与えられた家禄は代々世襲され、知行高の面では基本的には下降することはない。ただ、旗本といっても一〇〇石前後から九〇〇〇石まで知行高にはかなりの格差があり、その就く職にも自ずと差があった。通説では、旗本には、職に就かない時期は、三〇〇〇石以上(布衣以上を含む)は寄合組に、未満のものは小普請組に編成され、また、職にあるものは、朝廷官位で六位相当の布衣以下と、布衣、従五位下に任じられた諸大夫とに分かれていたとされている。

寛文四(一六六四)年ころの状況をみてみよう。まず三〇〇〇石という知行高に注目してみよう。寛文四年時点で三〇〇〇石の知行を持つものは五十九人いる。このうち親の知行を相続したものが四十六人、七八%を占めるが、下位から加増を受けて上昇してきたものも十三人おり、また親の知行を相続したもの四十六人のうち十三人がその後加増されており、知行高の面での上昇率は四四％を占め、一つの特徴といえる。

親の知行を相続したもの四十六人の初任職を検討しよう。四十六人のうち半数を超える二十四人が職に就いていない。残る二十二人のうちには小姓組番頭一人、先弓頭一人と頭クラスに就いたものがわずかにみられるが、他は書院番が九人、小姓が四人、小姓組・中奥小姓が三人であり、大番はみられないものの大半は三〇〇〇石未満の旗本の初任職とのあいだに特別な差はみられない。また、子の初任職についても、三〇〇〇石以上に加増されなかったものについては同様の傾向を示しており、職の世界では三〇〇〇石という知行高は家格の格差をほとんど際立たせていない。

つぎに五〇〇〇石という知行高に注目してみよう。寛文四年時点で五〇〇〇石の知行を持つものは五十六人いる。このうち親の知行を相続したものが四十人、七一％を占める。下位から加増を受けて上昇してきたものも十六人おり、また親の知行を相続したもの四十人のうち十二人がその後加増されており、知行高の面での家格上昇は五〇％を占め、三〇〇〇石クラスとほぼ同様の傾向を示している。

さらに親の知行を相続したもの四十人の初任職を検討しよう。四十人のうち半数に近い十八人が職に就いていない。残る二十二人の内訳は、小姓五人、定火消・甲府城守衛各四人、小姓組番頭三人、書院番頭二人、百人組頭・高家・小姓組・不明各一人であり、小姓五人と小姓組・不明の各一人を除けば頭クラスの職を初任職としており、三〇〇〇石クラスとは際立った差がみられる。また、二十二人のうち九人は定火消を経験し、八人は書院番頭を経験している。子の初任職について、五〇〇〇石以上に加増されなかったもの四十人に限って検討すると、職に就かないもの十五人、定火消九人、使番三人、小姓組番頭二人、書院番頭一人と、親とほぼ同様の傾向を示しており、職の世界では五〇〇〇石という知行高は職の面で三〇〇〇石以下のクラスとは一線を画している。

五〇〇〇石クラスの旗本の職にしばしば出てくる定火消に注目すると、寛文四年時点では十一人おり、知行高三〇〇〇石・四〇〇〇石のものが一人いるが他の九人はいずれも五〇〇〇石以上の旗本である。また、子の初任職が定火消のものについてみると、三十七人中、親の最終の知行高は五〇〇〇石以上三十一人、四〇〇〇石台五人、三〇〇〇石台一人であり、五〇〇〇石以上と定火消の職との関連は緊密なものがある。

大番筋と両番筋

大番筋とは江戸幕府において代々大番の番士となる家筋、両番筋とは代々書院番・小姓組の両番の番士となる家筋のことである。こうした家筋は、江戸時代の後期にはかなり固定的なものとなっていた。では、江戸時代の前期にはどうであったろうか。

寛文四年の時点で大番の番士は六〇六人いる。このうち三十九人は子が職に就いてはおらず、また二十九家が断絶している。残る五三八家のうち子の初任職が大番である家は四二八家であり、七九・六%を占めている。八割近くの子が大番となっていることからすれば、大番筋の家筋が形成されているとみることもできるが、なお二〇%余りが異なった職、なかでも大番より上位と考えられる書院番や小姓組番を初任の職としていることを勘案すると、なお家筋は固定的なものとはなっていない。

両番の一つ書院番の番士は、この時点で四四五人いる。このうち五十九人は子が職に就いてはおらず、また二十三家が断絶している。残る三六三家のうち子の初任職が書院番か小姓組番いずれかの家は三二六家であり、全体の八九・八%を占めている。小姓組番の番士は、この時点で四一六人いる。このうち五十三人は子が職に就いていない。また二十七家が断絶している。残る三三六家このうち子の初任職が小姓組番か書院番いずれかの家は二九八家であり、八八・七%を占めている。書院番・小姓組番とも大番に比べて約一〇%高い比率を占め、両番筋の家筋がかなり固まった様相をみせている。

ここでは家筋の固定化に注目するのではなく、なおこの時点で大番では二割余り、両番では一割余りが家筋を変更している点に注目しておきたい。

御家人から旗本へ

寛文四（一六六四）年の時点で『寛政重修諸家譜』に載せられた家で御家人の出自を持つ家は四三一あり、そのうちこの時点ですでに御家人から旗本に上昇した家は四家、その後その世代のうちに御家人から旗本に家格を上昇させた家が四十一家ある。

表34は、寛文四年に幕府のなんらかの職にありその世代のうちに御家人から旗本へと家格を上昇させた四十五家すべてを対象としている。「御家人の職」としたのは、「旗本の職」に昇進する直前の職であり、子供の初任職は、旗本に昇進したものの子が最初に就いた職を示したものである。各職の最後の数字は、その人数を示している。

この表から、御家人から上昇直前の職としては支配勘定・国廻役・徒組頭が多く、なかでも支配勘定が目立って多く、御家人から旗本への家格上昇の主要なルートであったことがうかがえる。この要因としては、前節で述べたように、なおこの時点で勘定方の重要度は低いものの、勘定方の幕府機構における重要性が増していったことの反映とみることができよう。家格上昇直後の職としては勘定が最も多いが、小十人の番士となるものもかなりの数みられ、小十人も家格上昇時に選ばれた職として注目しておきたい。

つぎに、家格を上昇させた人物の子供の初任職に注目すると、まず第一に四十五人のうち一人は職に就いていていない。二人が御家人の職である表火番・鳥見役に就いているが、こ

表34 御家人から旗本へ

御家人の職	旗本の職			子供の初任職
支配勘定17	勘定16(7) 林奉行3(3) 畳奉行1(0)	代官3(0) 勘定組頭1(1) 林木石奉行1(1) 川船奉行1(0) 畳奉行1(0)	代官1(0) 金奉行1(0)	勘定11 小十人3 書院番1 甲府勤番1 勘定1
国廻役8	小十人7(4) 代官1(0)	腰物奉行1(1) 代官1(0) 納戸1(0) 石奉行1(0)	富士見番頭1(0)	小十人4 大番2 納戸1 代官1
徒組頭6	畳奉行2(0) 細工頭2(0) 賄頭1(0) 表台所頭1(1)	金奉行1(0)		小十人2 無1 蔵奉行1 表火番1(御家人) 大番1
広敷添番2	広敷番頭1(0) 小十人1(0)			大番1 小十人1
火番組頭2	畳奉行1(1) 細工頭1(0)	小普請奉行1(0)		小十人1 小十人1
宝蔵番2	三丸番1(1) 馬預1(0)	大番1(0)		大番1 馬預1
鳥見役2 富士見番1 大久保中野圍上役1 膳方組頭1 進物取次番1 植木奉行1 大津蔵奉行1	鳥見役組頭2(1) 書物奉行1(0) 幕奉行1(0) 台所頭1(0) 金奉行1(1) 賄頭1(0) 二条蔵奉行1(0)	畳奉行1(0) 代官1(0)		小十人1 鳥見役1(御家人) 小十人1 小十人1 甲府勤番2 勘定1 勘定1 勘定1
合計45	45(16)	16(3)	3(2)	2(0)

のうち表火番に就いた深沢信置は、家督を相続する以前の貞享元（一六八四）年に小十人となっており、家相続時には旗本であった。鳥見役となった幡野春照の父春勝は元禄九（一六九六）年に畳奉行となるが、これは綱吉の生類憐みの令による鷹野中止によるもので、春照の鳥見役就任は吉宗による鷹野再開にあたってのものであり、再置された鳥見役は旗本役とみなされていたようである。なお春照は享保十一（一七二六）年に西丸小十人となっている。このように見ると、いったん御家人から旗本へ家格を上昇させた家は、子への相続にあたって御家人へと家格を下降させることはなく、以降旗本として存続することになる。この点は、御家人から旗本への家格上昇に際しての注目すべき特徴である。

子の初任職で最も多いのが勘定の十五人である。子の初任職が勘定である十五人の最終職は、勘定が八人、代官が三人、畳奉行が二人、賄頭・二条蔵奉行が各一人であり、いずれも勘定系統の職を最終の職としている。子の初任職が十五人と勘定に次いで多い小十人は、その最終職に際立った特徴がみられないが、旗本に昇進する以前の職が国廻役・徒組頭・火番・天守番・富士見番など番方の出身者がほとんどを占めている。このように、役方系と番方系の区分が緩やかながらも御家人から旗本への家格上昇においても確認できる。

子の初任職が大番であるものが五人いる。この五人の旗本への上昇直前の職は、国廻役が二人、徒組頭・宝蔵番・広敷添番が各一人であり、勘定系のものはみられず、かつ旗本への上昇後、一人を除いてより上位の職に就いている。

終　章——まとめにかえて——

本書は、江戸時代の官僚制を二つの方向から明らかにすることを課題とした。その一つは、いかにして幕藩官僚制は形成され、どのような特質を持っているのかを明らかにすることである。二つめは、江戸時代の武家社会は家格や身分に縛られきわめて閉鎖的であり流動性が低いものとされるなかで、幕藩官僚制はどのような実相を持っていたのかを明らかにすることである。本書の記述でこの二つの課題が全面的に果たされたとは到底いえないが、これまでの叙述で明らかになった点をまとめておくことにする。

「職」の形成

徳川家康は、関ケ原の戦いに勝利することで天下を掌握し、かつ征夷大将軍となることで、名実ともに「天下人」となった。しかし、この段階では後年に幕府機構として想起されるような老中・若年寄・寺社奉行・町奉行・勘定奉行といった統治・政治機構はなお確立していない。この段階における行政・裁判・財政といった諸機能は、軍事的覇権を確立することでカリスマ化した「天下人」の力を背景にその信頼と恩寵とにもとづいて取り立てられた出頭人たちによって担われた。彼らの果たした役割は、大久保長安が代官頭、佐渡・石見の銀山奉行、美濃・大和の国奉行、駿府年寄衆の一人等々多種多様であったように、その人物の能力に従って大きくもまた小さくもなり、あらかじめ定められたものではなかった。

こうしたカリスマ性を強く持つ天下人と出頭人による政治は、権力機構としてはきわめて簡素なものであり、天下人の意志がストレートに反映され、ときとしてきわめて効率的なものであった。しかし、出頭人である個人の能力が大きな力を持っただけに、そこには恣意性が強く現れた。さらに、天下人の交替は、出頭人にとっては自らの存立基盤の崩壊であり、それまで手にしていた諸権限を保全しようとする出頭人の抵抗がそこには生じた。すなわち、カリスマ性を強く持つ将軍と出頭人による政治は、政権の安定的な継承という点では、大きな構造的欠陥を持った。

こうした出頭人による幕政運営は、二代将軍となった秀忠の時代も基本的に変わることはなかった。元和九（一六二三）年に秀忠は家光に将軍職を譲り大御所となり、大御所・将軍による二元政治の時代となるが、この時代には、本丸の将軍家光のもとと西丸の大御所秀忠のもとにそれぞれ独立した年寄衆が形成され、幕府全体としての意志は、両者の有力年寄が連署する本丸西丸年寄連署奉書で示された。本丸西丸年寄連署奉書による幕府意志の表明は、二元政治の生む矛盾や軋轢が表面化することを抑え、かつ秀忠から家光への権力移譲を徐々にかつ無理なく進めた。

秀忠の死後、秀忠を核とした西丸年寄は、解任・排除というかたちではなく、西丸年寄の本丸年寄への吸収というかたちをとったため、本丸年寄と西丸年寄との軋轢によって生じる幕政の停滞や混乱が回避され、秀忠の葬儀や廟の造営など秀忠に関わる諸事が秀忠付であった年寄によって円滑に処理された。

しかしこの段階を過ぎると、家光は、旧年寄層を排除し、一方で子飼い家臣の取り立てを推し進めようとした。その結果、秀忠大御所時代に年寄であったものすべてを排除することはできなかったものの、その数を半減させた。こうしたなか、子飼い家臣の筆頭である稲葉正勝の年寄内での地位を引き上げ、松平信綱等を「六人衆」というかたちで取り立て、家光の政治運営の新たな核を作り上げた。こうした子飼い家臣の取り立てと幕閣への起用は、新たな出頭人の創出を意図したものであり、その限りでは家光もまた出頭人による幕政運営を意図していたことになる。

家光による旧年寄衆排除は、家光の病気と旧年寄衆の抵抗とにより一気には実現しなかった。こうした事態への対応が、職務の内容を定めた老中宛、「六人衆」宛、町奉行宛に家光が寛永十一（一六三四）年に出した三つの法度である。この法度の制定は、これまで年寄である個々の人格あるいはその個性に属していたさまざまな役割・権限を成文化し、個々の年寄の保持してきた権限を基本としながらもそれらを相対化・客体化し、近代の官僚制における官職と比較すれば多くの限界を持つとはいえ幕藩制的な「職」を成立させた。その結果、幕政運営の原理は、「人」から「職」へと転換したのである。この法度制定のもう一つ重要な点は、これまで年寄衆に集中していた幕政運営のあり方を改め、それまで年寄衆が保持していた諸権限を分割分掌させ、それらを将軍に直結することで、将軍親裁を強化した点にある。

家光は、さらに翌寛永十二年、前年の法度で老中・「六人衆」が管掌していた事項の多くを分離・分割し、寺社奉行・勘定奉行・留守居などの「職」として独立させ、それらの職を将軍が直轄する体制、将軍諸職直轄制を作り上げた。この体制は、将軍家光を核として運営されることを前提としており、自ら政務を処理する限り円滑かつ効率的に機能したが、この前提を維持することはきわめて困難であり、現に寛永十四年から十五年にかけての家光の長病は、この体制を機能麻痺に陥れ、その構造的欠陥を露呈させた。

これへの対処が、寛永十五年の幕政機構の改革である。それは、老中を機構の中核に据え、その下にこれまで将軍が直轄していた留守居・寺社奉行・町奉行・大目付・作事奉行・勘定奉行等の職を位置づけ、将軍—老中—諸職というヒエラルヒッシュな組織を作り上げるものであった。この老中を核とする機構は、以後若干の変化がみられるものの、その後の幕政機構の最も基本的な軸となるものであり、またその採用は寛永十二年の将軍諸職直轄制を否定するものでありその放棄でもあった。

幕藩官僚制の特質

こうして形作られた幕藩官僚制は、近代の官僚制とはいくつかの点で異なった特徴を持っている。その第一は、幕藩官僚制における「職」が、武士身分によって独占されていた点である。江戸時代「職」にあるものはすべてが主人である将軍あるいは大名に召し抱えられた武士身分に属するものであり、他身分のものが「職」に就くことは原則としてありえず、他の身分からの登用にあたっては召し抱えによって武士身分へ編入されることを必要とした。

第二の特徴は、「職」の世界においても武士身分内に家格差・階層差が存在していたことである。武士身分のものであればだれもが自由に「職」を選ぶことできたわけではなく、幕府にあっては、一門・外様大名は、わずかの例外を除いて幕府の「職」に就くことはなく、譜代大名・旗本・御家人によってそれらは独占されていたし、その初任職においてはすべての武士が同一の「職」から出発するのではなく、その人物が親から受け継いだ知行あるいは俸禄と家格とによって初任の「職」が決定した。このような階層的な登用の原理、階層的な規定性は、それ自体が幕藩官僚制の特質であるが、近代の官僚制が一般に持った年功序列による弊害を排除し、官僚制機構の生み出す老化現象を阻止する機能を一定程度持ち、幕藩官僚制の持った強靱さの一面を支えた点も注目される。

第三の特徴は、幕藩官僚制が近代の官僚制とは異なり主従制的性格を強く持っている点である。これを象徴的に示すのが、「職」に就くときに出される起請文の文言である。そこでは「御為第一」が最も重要な規範とされ、「職」の任命者と登用されるものとのあいだにおける主従関係が前提とされ最も重視された。

第四の特徴は、運用における合議制と月番制である。近代官僚制において各組織の長は単一であるのに対し、幕藩官僚制では同じ「職」に先任や格式による差はあったものの同一権限を持つものが複数あり、それらのものが相互に相談して政策や裁判を執行する合議制をとっている。こうしたシステムは、一般に「職」にあるものの恣意を抑制し、将軍の意志を貫徹することを容易にするが、反面、責任の所在を曖昧にする。幕藩官僚制機構を運営するうえでのもう一つの特徴である月番制は、合議制の持つ行政上の遅延と無責任さを排除するに一定程度役立った。しかし、月番制は、それ自体が生み出す行政・裁判上の遅延、案件の先送り、訴訟人の側からの担当者選択、案件の増加、さらに政策上での系統性の必要といった状況には十分に対処しえない。こうしたなかで、月番老中一判制、「御用掛り」制の導入、専管体制の成立が模索された。

第五の特徴は、幕藩官僚制にも限定されたものとはいえ昇進制があることである。一般的に幕藩官僚制の昇進については、家格や身分に縛られ、きわめて閉鎖的なものと考えられている。幕藩官僚制における昇進制は、昇進したものの「職」やそれにともなう知行や俸禄が、家督を継承したものの初任職や知行や俸禄を規定するという、近代の官僚制にはみられない特徴がある。一定の昇進を遂げた場合、その子は、父親の初任職を自らの初任職とするのではなく、父親の最終職に対応した、より高い職を初任職とした。こうした昇進制は、さまざまな制約を持ちつつも、昇進とそれにともなう加増とによって武士のエネルギーを引き出し、幕藩官僚制機構を生きた運動体たらしめた。

第六の特徴は、昇進にともなう領知・知行高の増加とその継承からくる財政負担への対処をめぐるものである。その一つは役料制である。家督相続において世禄を減少させない相続制である世禄制をとる場合には、それを賄うべき財政は徐々に肥大化していき、最終的には破綻することになる。この財政の肥大化への対処の一つが、職にともなう加増を行うことなく在職期間に限って役料を支給する役料制である。二つめは世減制であり、相続を機に知行を減じ、財政の肥大化を押さえる手法である。この役料制と世減制は、主従制がともなった家督としての家禄と幕藩官僚制の昇進制とによる加増とが生み出す財政上の矛盾を解消する役割を担うものであった。

寛文四年の世界

最後のⅣ章では、十七世紀中葉の幕府官僚の世界を昇進、家格上昇を軸に述べた。具体的なことはまったくの繰り返しになる恐れがあるので、いくつか特徴と思う点をあげることにする。

一万石以上を領した大名と職の関係は、一門と外様は原則としては幕府の職には就かず、それらは譜代大名により独占されている。その譜代大名の在職率は寛文四（一六六四）年においては二割弱であるが、大名の一生についてみると、約八割がなんらかの職に就いている。

旗本についてみると、寛文四年の旗本の数は三二七三人であり、在職率は八五％を超え、大名と比較して格段に高い。また職にある旗本のなかには、なお一家を立てずに部屋住の身分で奉公しているものが一六％いるのがこの時期の特徴といえる。また、旗本のうち三割がその家の祖であり、この時期に大量の旗本の家が創出されたことを反映したものである。

旗本の知行形態は、約半分が地方知行、約三分の一が蔵米知行、一割弱が地方知行と蔵米知行の混在、七・二％が蔵米知行と扶持米の混在ということになる。また、地方知行は全階層にみられるが、知行高の低いものほど地方知行の比率は低く、蔵米知行は、二〇〇俵三〇〇俵に集中し、この階層の主要な知行形態であることがうかがえる。蔵米知行に扶持米を合せて給されているものは、一〇〇石二〇〇石層に集中的にみられ、それ以上の階層においては扶持米による知行はほとんどみられない。

江戸後期の幕府職制との比較でみると、その職の複雑化・多機能化にともなう職の増加はみられるものの、寛文四年段階には幕政機構の基本的な職はすでにできあがっている。人員の面では、政務の煩瑣化にともない上級の職の下位に設けられた職の人員増加のほか、奏者番、高家、使番など儀礼に深く関わる職、小納戸、側など将軍個人に関わる職、財政・訴訟機構での増員が目につき、対照的に軍事面での諸職が現状維持か減少する傾向をみせている。

職と知行高の関係を主な職についてみると、大番については二〇〇石が、書院番・小姓組は三〇〇石がその中心であるが、知行高はかなり広く分布する。これに対し新番・小十人は規準高ともいうべきものがあり、新番は二五〇石、小十人は初任の時期には十人扶持、その後は一〇〇俵十人扶持である。

大番組頭の知行高は七〇〇石前後である。それに対し書院組頭・小姓組組頭は五〇〇俵から六〇〇〇石のものまでみられ、知行高と職との対応は明確ではない。新番組頭は、就任して間もなく多くは二〇〇俵を加増されている。小十人組頭は三〇〇俵取である。

大番頭・書院番頭は知行五〇〇〇石以上、小姓組番頭は三〇〇〇石以上、新番頭は一〇〇〇石から二〇〇〇石、小十人頭は、四〇〇俵から一四二〇石取のものまで広く分布する。

昇進ルートを概観すると、大番頭・書院番頭・小姓組頭については小姓組頭↓書院番頭↓大番頭が昇進の序列であるが、下位からの昇進にあたっては小姓組番頭を飛び越し書院番頭に就くものがしばしばみられる。一方、遠国奉行である京都町奉行・大坂町奉行・長崎奉行などは職のなかに格式による序列はみられるがそれが昇進序列を示しているわけではない。

次に、大番あるいは大番に小十人・新番を加えたグループと書院番・小姓組のグループとに大きく分かれる点である。書院番・小姓組のグループは徒頭・小十人頭の職を独占し、大番グループのものが就任することはない。また、使番・目付・先鉄砲頭の職で、大番グループと書院番・小姓組グループとがクロスする。数のうえでは書院番・小姓組グループが圧倒するが、大番グループの昇進のルートが確保されていることが注目される。江戸時代の後期には勘定出身者の昇進が多くみられるが、寛文四年の段階ではほとんどみられず、幕政機構内での地位はなお低いものであった。

家格の上昇についてみると、大名となる契機はおおよそ相続・分知・昇進の三類型があり、その過半は昇進によるものである。その場合のコースには、小姓↓小姓組番頭↓（書院番頭）↓側↓若年寄と上級旗本↓書院番頭↓大番頭↓若年寄・大坂定番との二つがみられ、前者は側に在職中か若年寄就任時に、後者は大番頭在職時か若年寄・大坂定番就任時に大名化する。

旗本については、江戸時代の後期には非職となったときに小普請組か寄合組に編成されるときの規準が知行高三〇〇〇石にあるが、子供の初任職をみると多くが書院番・小姓組であり、それ以下の旗本との差は顕著ではない。それに対し五〇〇〇石以上のものでは子供の初任職は小姓組番頭・書院番頭など頭クラスの職を初任職としており、三〇〇〇石クラスとは際立った差がみられる。

江戸時代後期には大番筋・両番筋といった家筋が形成され、職と家筋の関係が固定的となる。寛文四年の時点でも大番の子の八割近くが大番となり、書院番・小姓組の子では九割弱が書院番・小姓組いずれかの職に就いており、この段階で家筋がすでに形成されているとみることもできるが、なおこの時点で大番では二割余り、両番では一割余りが家筋を変更しており、なお固定的なものではなかった。

御家人から旗本への家格上昇についてみると、寛文四年の時点では御家人の出自を持つ家は四三一家あり、そのうち四十五家がこの前後に旗本に上昇し、また旗本に昇進する以前の職は支配勘定が多くを占め、国廻役・徒組頭・火番・天守番・富士見番など番方もみられる。昇進後の旗本の職は、勘定が最も多く、次いで小十人が多い。さらに子供の初任職をみるとわずかの例外があるものの基本的にはすべて旗本の職を初任職としており、家格が御家人から旗本へと上昇したことを確認することができる。

こうした傾向は、『寛政重修諸家譜』に載せられた六三五四家のうち、寛政十(一七九八)年までに御家人から旗本に家格を上昇させた家数が一一五七家にのぼることからすれば、御家人から旗本への家格上昇の傾向は十七世紀後半以降一層顕著なものとなっていったといえる。

以上述べてきた幕府機構内での昇進や家格上昇という数多い事例は、江戸時代の武家社会が家格や身分に縛られた閉鎖的なものであったというこれまでのイメージの転換を迫っている。

藩における官僚制の形成や展開、江戸時代後期の官僚制の実相、この世界に生きた武士の一生など明らかにすべき課題はなお多く残されているが、ひとまずここで本書を閉じることにする。

参考文献一覧

I章

相川町史編纂委員会編　一九七三『佐渡相川の歴史』資料集三「佐渡金山史料」
和泉清司編　一九八一『伊奈忠次文書集成』文献出版
宇野脩平　一九六七『大岡越前守』ＮＨＫブックス
大岡家文書刊行会編　一九七二『大岡越前守忠相日記』三一書房
大石慎三郎　一九七二「『大岡越前守忠相日記』とその史料価値についての若干の考察」『日本歴史』二八九
――　一九七四『大岡越前守忠相』岩波新書
大石　学　一九九五『吉宗と享保の改革』東京堂出版
大野瑞男　一九八八「大久保長安の新史料」『東洋大学文学部紀要』第四一集史学科編一三
杣田善雄　一九九四「大久保長安の居所と行動」藤井譲治編『近世前期政治的主要人物の居所と行動』京都大学人文科学研究所
高木昭作　一九七六「幕藩初期の国奉行制について」『歴史学研究』四三一（『日本近世国家史の研究』岩波書店、一九九〇年に再録）
高橋正彦編　一九八三『大工頭中井家文書』慶応通信
辻　達也　一九六四『大岡越前守――各奉行の虚像と実像』中公新書

徳川義宣　一九八三『新修　徳川家康文書の研究』徳川黎明会刊・吉川弘文館発売
中村孝也　一九五八『徳川家康文書の研究』日本学術振興会
――　一九六八『家康の臣僚』人物往来社
――　一九七八『家康の政治経済臣僚』雄山閣出版
沼田頼輔　一九二九『大岡越前守』明治書院
村上　直　一九六一「幕府創業期における奉行衆――大久保石見守を中心に」『日本歴史』一六〇
――　一九六五「初期幕府政治の動向――大久保石見守長安事件を中心に」『日本歴史』二〇五
――　一九六七「大久保石見守長安の研究覚書(1)～(5)」『信濃』一九―一・二・三・五・六
――　一九七九「近世初期石見銀山の支配と経営」徳川林政史研究所『研究紀要』昭和五十三年度
――　一九八六「近世初期南関東における代官頭の支配」村上直・神崎彰利編『近世神奈川の地域的展開』有隣堂
村上直・田中圭一・江面龍雄編　一九七八『江戸幕府石見銀山史料』雄山閣出版

Ⅱ章・Ⅲ章

荒川秀俊　一九七四「御家人の出世コースと派閥」『日本歴史』三一二
煎本増夫　一九六一「初期江戸幕府の大番衆について」『日本歴史』一五五

―――　一九七九『幕藩体制成立期の研究』雄山閣
上山安敏　一九六二『ドイツ官僚制成立論――主としてプロイセン絶対制国家を中心として』有斐閣
大石慎三郎　一九七六「封建官僚機構の成立」『歴史公論』五
小沢文子　一九八三「寺社奉行考」児玉幸多先生古稀記念会編『幕府制度史の研究』吉川弘文館
鎌田　浩　一九七〇『幕藩体制における武士家族法』成文堂
蒲生真紗雄　一九七七「江戸町奉行職の成立過程について」『国史学』一〇二
北島正元　一九六四『江戸幕府の権力構造』岩波書店
小池　進　一九八九「将軍『代替』における江戸幕府軍隊の再編について」『東洋大学大学院紀要』二五
辻　達也　一九六二「近習出頭人について」『大類伸博士喜寿記念史学論文集』
所理喜夫　一九七五「町奉行――正徳以前を中心として」『江戸町人の研究』四　吉川弘文館
藤井讓治　一九八〇「家綱政権論」『講座日本近世史4　元禄・享保期の政治と社会』有斐閣
―――　一九八三「徳川政権成立期の京都所司代」『政治経済の史的研究』巌南堂書店
―――　一九八五「幕藩官僚制論」『講座日本歴史5』東京大学出版会
―――　一九八九「日本近世社会における武家の官位」『国家』京都大学人文科学研究所
―――　一九九〇『江戸幕府老中制形成過程の研究』校倉書房
―――　一九九一「幕藩官僚制の形成」『日本の近世3　支配のしくみ』中央公論社

――― 一九九一「平時の軍事力」『日本の近世3　支配のしくみ』中央公論社
――― 一九九二『日本の歴史12　江戸開幕』集英社
――― 一九九六「京都町奉行の成立過程」京都町触研究会編『京都町触の研究』岩波書店
――― 一九九七『徳川家光』吉川弘文館
藤田恒春 一九八二「京都所司代板倉重矩就任をめぐって」『日本史研究』二三八
――― 一九九四「小堀政一の居所と行動」藤井讓治編『近世前期政治的主要人物の居所と行動』京都大学人文科学研究所
前田弘司 一九七五「一七世紀における尾張藩家臣団の構造」『尾張藩家臣団の研究』名著出版
丸山真男 一九六〇「忠誠と反逆」『近代日本思想史講座6』筑摩書房
美和信夫 一九七一「江戸幕府老中就任者の数量的分析」『麗沢大学紀要』一二
横田冬彦 一九九四「板倉勝重の居所と行動」藤井讓治編『近世前期政治的主要人物の居所と行動』京都大学人文科学研究所

Ⅳ章

市岡正一 一九八九『徳川盛世録』（東洋文庫496）平凡社
大舘右喜 一九六五「元禄期幕臣団の研究」『国学院雑誌』六六―五
斎木一馬・林亮勝・橋本政宣校訂 一九八〇『寛永諸家系図伝』続群書類従完成会
斎木一馬・岩沢愿彦校訂 一九八〇『徳川諸家系譜』続群書類従完成会

新見吉治　一九六七『旗本』吉川弘文館
進士慶幹　一九六六『江戸時代の武家の生活』至文堂
高柳光寿・岡山泰四・斎木一馬校訂　一九六四『新訂　寛政重修諸家譜』続群書類従完成会
近松鴻二　一九八三「目付の基礎的研究」児玉幸多先生古稀記念会編『幕府制度史の研究』吉川弘文館
寺島荘二　一九六五『江戸時代御目付の生活』雄山閣出版
東京市役所　一九二五『東京市史稿　皇城篇附図』東京市役所
徳川黎明会　一九八二『徳川礼典録』（復刻版）原書房
深井雅海　一九九一『徳川将軍政治権力の研究』吉川弘文館
——　一九九七『図解　江戸城をよむ——大奥　中奥　表向』原書房
松平太郎　一九七一『校訂　江戸時代制度の研究』（進士慶幹校訂）柏書房
横山則孝　一九七三「江戸幕府新番成立考」『日本歴史』三〇二
森　杉夫　一九六五「代官所機構の改革をめぐって」『大阪府立大学紀要』一三

あとがき

江戸時代の官僚、官僚制について考えはじめたのは、一九八〇年に書いた「家綱政権論」(『講座日本近世史』4、有斐閣)においてであった。そしてそれをひとつの形としたのが一九八五年に書いた「幕藩官僚制論」(『講座日本歴史』5、東京大学出版会)である。さらに、官僚あるいは官僚制という用語は一切使用しなかったが、同様の関心を背景としながら、博士論文として『江戸幕府老中制形成過程の研究』(校倉書房、一九九〇年)を書いた。

本書のⅡ章Ⅲ章は、こうした一連の仕事にもとづいて書かれている。Ⅰ章は今回新たに書いたものであるが、大久保長安については、諸先学の仕事とともに、京都大学人文科学研究所時代に行った共同研究「江戸時代前期の政治的主要人物の居所と行動」の成果、主として長安を担当された杣田善雄氏の仕事をもとにしている。大岡忠相については、先学の仕事に多く拠ったが、印象として有名な割には今一つ分かっていない人物であるように思え、今後もう少し踏み込んだ分析が必要と思われる。なお、本書では、参考とさせていただいた諸業績をいちいち注記しなかった。御海容願いたい。

Ⅳ章は、今回はじめて世に問うたものである。「幕藩官僚制論」を書いたころに分析してみたいと思っていた対象であるが、膨大なデータを処理することがそのころにはできなかった。今回これを可能としたのはパソコンの力である。『寛政重修諸家譜』をもとに作成したデータベースは、寛文四（一六六四）年という年を中心としたものであるが、本書で利用した以外にもなお多くの情報を与えてくれる。しかし、江戸時代の官僚制を全面的に分析するには、江戸時代全時期についてデータベースを作成し分析する必要がある。残念ながら、本書では実現できなかった。今後の課題としたい。

最後にデータベースを作成するにあたっては、東谷智君・東幸代さんの助力を得た。また、本書の刊行にあたっては、編者の一人である藪田貫氏の勧めと、青木書店の原嶋正司氏の根気よい激励があった。ここに記して感謝する。

一九九九年十一月一日

著者しるす

文庫版あとがき

青木書店からAOKI LIBRARYの一冊として本書が刊行された一九九九年から、すでに四半世紀近くたちました。現時点で振り返ってみると、本書は、決して大部なものではないが、私なりの江戸時代官僚制についての集大成であったように思います。もちろん、本書のなかでも指摘したように多くの残された課題があります。

なお、文庫版刊行にあたって、かなり煩瑣な幕府役職を理解する一助として、幕府役職についての索引を作成・収録しました。

本書刊行前の主な幕藩官僚制に関わる諸業績については、本書の末尾にあげていますが、刊行後に発表された業績を、私が気付いた範囲ですがあげておきます。

まず、本書刊行直後の二〇〇〇年に根岸茂夫氏が、軍制という視角から『近世武家社会の形成と構造』（吉川弘文館）を刊行されました。その第二章で幕臣団の形成に見る軍制と「家」で、特に大番衆の形成について論じられています。

翌二〇〇一年には小池進氏が、江戸幕府直轄軍団の形成と再編を分析の中心に据えた『江戸幕府直轄軍団の形成』（吉川弘文館）を刊行されました。そこでは大番・書院番・小姓組番の形成と構造のほか、著者と見解を異にするところもありますが、寛永中期の幕府機構の形成が丁寧に論じられています。

二〇〇六年、福留真紀氏は、政治権力としての将軍側近を取り上げた『徳川将軍側近の研究』（校倉書房）を刊行され、その補論で小姓組のあり方を論じられています。同じ年、小川恭一氏は、寛政十（一七九八）年に時を設定し御家人から旗本への昇進を身分上昇の視点から分析した『徳川幕府の昇進制度——寛政十年末旗本昇進表』（岩田書院）を出されました。

二〇一一年に山本英貴氏は、江戸幕府大目付の組織・職務を詳細に分析した『江戸幕府大目付の研究』（吉川弘文館）を刊行され、その序章で江戸幕府職制史研究の軌跡を整理されています。

次に、本書刊行の前後から後に著者の書いたものをあげておきます。刊行前年の一九九八年には、本書Ⅱ章「「人」から「職」へ」に関わって「江戸幕府前期の「御用」について」（『史林』八一―三）、「慶長期武家官位に関する四つの「寄書」」（『日本史研究』四三四）を、またⅣ章「十七世紀中葉の幕府官僚たち」に関わる小論「歴史のなかの揺らぎと戻り

――江戸幕府側用人をとおして」（横山俊夫ほか編『安定社会の総合研究――ことがゆらぐ・もどる／なかだちをめぐって』京都ゼミナールハウス、一九九八年）を書きました。以上の三つの論考は、拙著『近世史小論集――古文書と共に』（思文閣出版、二〇一二年）に再録しました。

二〇〇二年に『幕藩領主の権力構造』（岩波書店）を上梓しましたが、そこには本書Ⅱ章からⅣ章に関わる既発表の論考、「家綱政権論」（『講座日本近世史4』、有斐閣、一九八〇年）、「幕藩官僚制論」（『講座日本歴史5』、東京大学出版会、一九八五年）、「日本近世社会における武家の官位」（『国家』京都大学人文科学研究所、一九八九年）を収めました。

二〇〇八年には、二〇〇一年の「徳川秀忠大御所時代の領知宛行状」（『日本歴史』六三二号）以来書きためてきた家康から綱吉にわたる徳川家の領知宛行制をまとめた『徳川将軍家領知宛行制の研究』（思文閣出版）を刊行しました。この書は、本書Ⅳ章の寛文四（一六六六）年の位置づけに関わる内容を含んでいます。

最後に本書の文庫化を薦めてくださり、刊行まで助力いただいた法藏館の丸山貴久氏に謝意を表します。

二〇二三年三月末

藤井讓治

江戸幕府職名索引

さ行

た行

な行

は行

ま行

や行

ら行・わ行

藤井讓治（ふじい　じょうじ）
1947年福井県生まれ。京都大学大学院文学研究科博士課程単位取得退学。博士（文学）。京都大学大学院文学研究科教授を経て、現在、同大学名誉教授・石川県立歴史博物館館長。専攻は日本近世史。著書に、『江戸幕府老中制形成過程の研究』（校倉書房）、『幕藩領主の権力構造』『戦国乱世から太平の世へ』『近世初期政治史研究』（以上、岩波書店）、『徳川将軍家領知宛行制の研究』（思文閣出版）、『徳川家光』『徳川家康』（以上、吉川弘文館）、『天皇と天下人』『江戸開幕』（以上、講談社）など多数。

江《え》戸《ど》時《じ》代《だい》の官僚制《かんりょうせい》

二〇二三年九月一五日　初版第一刷発行

著　者　藤井讓治
発行者　西村明高
発行所　株式会社法藏館
京都市下京区正面通烏丸東入
郵便番号　六〇〇-八一五三
電話　〇七五-三四三-〇〇三〇（編集）
〇七五-三四三-五六五六（営業）

装幀者　熊谷博人
印刷・製本　中村印刷株式会社

ISBN 978-4-8318-2652-7 C1121

か-1-1

信長が見た戦国京都

城塞に囲まれた異貌の都

河内将芳著

同時代史料から、「町」が社会集団として成熟していくさまや、戦国京都が辿った激動の軌跡を尋ね、都市民らの視線を通して信長と京都の関係を捉え直した斬新な戦国都市論！

900円

つ-1-1・2

平安人物志

上・下（全二冊）

角田文衞著

考古学と文献史学を駆使した角田の博識と推理が冴え渡る、41篇の人物伝。緻密な分析で、平安朝を生きた人々の数奇な生涯を鮮やかに描き出した、歴史的名著。解説＝山田邦和

各1700円

し-1-1

ポストモダンの新宗教

現代日本の精神状況の底流

島薗進著

一九七〇年代以降に誕生・発展した「新新宗教」の特徴を読み解き、「新新宗教」を日本・世界の宗教状況とリンクさせることで、現代宗教論に一つの展望を与えた画期的試み。

1200円

や-2-1

〈方法〉としての思想史

安丸良夫著

安丸史学が対峙し、目指したものとは――。自身の研究や経験を回顧した論考・時評等を中心に収め、その思想的格闘の軌跡を示した歴史学徒必読の名著。解説＝谷川　穣

1300円

ア-2-1

英国の仏教発見

フィリップ・C・アーモンド著

奥山倫明訳

19世紀の英国人らによる仏教表象を分析し、西洋近代において、仏教が称賛や蔑視を交えながら「創造」されていく過程を、オリエンタリズムと宗教をめぐる観点から解明。

1300円

か-1-2

改訂

祇園祭と戦国京都

河内将芳著

創作物を通じて戦国期の祇園祭に託された「権力に抵抗する民衆の祭」というイメージは実態に合うものなのか。イメージと史実を比較し、中世都市祭礼・祇園祭の実像に迫る。

1000円

ブ-1-1

儀礼と権力　天皇の明治維新

ジョン・ブリーン著

日本の「近代」創出に天皇がはたした身体的役割とは何か。天皇はいかにして「神話の体現者」となったのか。従来とは異なる儀礼論的アプローチから迫ったユニークな試み。

1300円

も-1-1

梁の武帝
仏教王朝の悲劇

森三樹三郎著

皇帝菩薩と呼ばれた武帝の餓死、王朝の滅亡は、仏教溺信が招いた悲劇だったのか。類い稀な皇帝のドラマチックな生涯とその時代の精神を描出した不朽の傑作。解説＝船山　徹

1000円

む-1-1

天平芸術の工房

武者小路穣著

正倉院や東大寺をはじめとする花やかな天平芸術の創造にたずさわった工人たちの盛衰を明らかにしていくなかで、古代国家の文化の形成基盤の全体像を考察。解説＝山岸公基

1200円

た-3-1

改訂 歴史のなかに見る親鸞

平　雅　行　著

数少ない確実な史料を緻密に検証することで、歴史研究者として親鸞の事蹟の真偽を究明する一方、民衆の苦難と自らの思想信条とのはざまで悩み苦しむ親鸞の姿をも描きだす。

1100円

す-1-1

東洋の合理思想

末木剛博著

インド仏教、中国仏教、中国古典に形式論理を見いだし、西洋思想とは異なる、非自我的な「楕円思考」を東洋の合理思想の根幹として解明する。野矢茂樹氏の解説も再録。

1200円

か-3-1

増補 菩薩ということ

梶山雄一著

迷いと悟りの世界を生きる菩薩の存在は、大乗仏教の真髄である。大乗仏教がめざした人間像を探究しつづけた著者が最終的に到達した菩薩像と、その生き方とは。解説＝桂紹隆

1000円

キ-2-1

ウィトゲンシュタイン・文法・神

アラン・キートリー著　星川啓慈訳

ウィトゲンシュタインの「文法」概念を宗教研究に応用し、自然主義・相対主義・還元主義をのりこえる視点を提供。そして「本物の宗教」に迫らんとする、宗教哲学の好著。

1200円

か-4-1

死と運命

中国古代の思索

金谷治著

「このっぴきならない生命とはいったい何なのか」。孔孟、老荘、荀子等の言葉をてがかりに、中国古代における死、運命、欲望に関する思索を討尋する。解説＝中嶋隆藏

1100円

よ-1-1

劉裕

江南の英雄　宋の武帝

吉川忠夫著

劉裕は微賤な武人に生まれながらも、卓越した行動力と徹底した現実主義によって皇帝となった。だが、即位後その生彩に翳りが――。南朝の権力機構の本質を明らかにする好著。

1000円

か-5-1

一遍語録を読む

金井清光　梅谷繁樹著

一切を捨てた「捨聖」一遍。その思想的背景と生涯を法語から読み解き、巻末では一遍の和讃「別願和讃」を『節用集』『日葡辞書』などを駆使して詳論する。解説＝長澤昌幸

1200円

な-1-2

祭祀と供犠

日本人の自然観・動物観

中村生雄著

動物を「神への捧げもの」とする西洋の供犠との対比から、日本の供養の文化を論じ、殺生・肉食の禁止と宗教との関わりに新たな光を当てた名著が文庫化。解説＝赤坂憲雄

1500円

さ-4-1

ラジオの戦争責任

坂本慎一著

戦前最強の「扇動者」、ラジオ。その歴史を五人の人物伝から繙き、国民が戦争を支持し、また玉音放送によって瞬く間に終戦を受け入れるに至った日本特有の事情を炙り出す。

900円

は-1-1

明治維新と宗教　羽賀祥二著

近代「神道」の形成と特質を仏教までも含んだ俯瞰的な視野から考察し、「国家神道」に止まらない近代「神道」の姿をダイナミックに描いた、日本近代史の必読文献。

1800円

か-6-1

禅と自然　唐木順三著

近代という無常が露わになった時代をどう乗り越えるか。その克服の可能性を、逆に無常を徹底させる中世の禅思想のなかに見出した卓異の論考を精選。解説＝寺田透・飯島孝良

1100円

ひ-1-1

無神論　久松真一著

「絶対的自律」へ至る道を考究し続けた稀代の哲人・久松真一。その哲学の核心を示す珠玉の論考と自叙伝的エッセイ「学究生活の想い出」を収録。解説＝星野元豊・水野友晴

1000円

た-4-1

聖武天皇　瀧浪貞子著

「天平の皇帝」とその時代

高い政治力を発揮し、数々の事業を推進した聖武天皇。「天平の皇帝」たらんとしたその生涯と治世を鮮やかに描写。ひ弱、優柔不断といった旧来の聖武天皇像に見直しを迫る。

1300円

し-1-2

精神世界のゆくえ　島薗進著

宗教からスピリチュアリティへ

なぜ現代人は「スピリチュアリティ」を求めるのか。宗教や科学に代わる新しい思想を網羅的に分析し、「スピリチュアリティ」の興隆を現代精神史上に位置づけた宗教学の好著。

1500円

よ-2-1

日本人の身体観の歴史　養老孟司著

日本の中世、近世、そして現代哲学の心身論から西欧の身体観まで論じる。固定観念を揺さぶり、常識をくつがえし、人と世界の見方を一変させる、養老「ヒト学」の集大成。

1300円

ぎ-1-1

現代語訳

南海寄帰内法伝

七世紀インド仏教僧伽の日常生活

義浄 撰

宮林昭彦
加藤栄司 訳

唐の僧・義浄がインドでの10年間にわたる留学生活で見た7世紀の僧侶の衣・食・住の実際とは。戒律の実際を知る第一級資料の現代語訳。原書は、鈴木学術財団特別賞受賞。

2500円

と-1-1

文物に現れた北朝隋唐の仏教

礪波護 著

隋唐時代、政治・社会は仏教に対していかに関わり、仏教はどのように変容したのか。文物を含む多彩な史料を用いスリリングに展開される諸論は隋唐時代のイメージを刷新する。

1200円

こ-1-1

神々の精神史

小松和彦 著

カミを語ることは日本人の精神の歴史を語ること。竈神や座敷ワラシ。酒呑童子、ものくさ太郎に、山中の隠れ里伝承など、日本文化の深層に迫った妖怪学第一人者の処女論文集。

1400円

み-1-1

江戸のはやり神

宮田登 著

お稲荷さん、七福神、エエジャナイカ――民衆の関心で爆発的に流行し、不要になれば棄てられた神仏。多様な事例から特徴を解明し、背景にある日本人の心理や宗教意識に迫る。

1200円

さ-5-1

信仰か、マインド・コントロールか

カルト論の構図

櫻井義秀 著

社会はカルトやマインド・コントロールの問題にどう対処すべきか。九〇年代以降のメディアや裁判記録などの分析を通じて、これらの問題を考えるための基礎的理論を提示する。

1100円

う-1-1

日蓮の女性観

植木雅俊 著

仏教は女性蔑視の宗教なのか？　仏教史における男性観、女性観の変遷、『法華経』における提婆達多と龍女の即身成仏を通して検証し、また男性原理と女性原理について考える。

1300円